中国大运河文化

汉上县干部政德教育中心　编

中国海洋大学出版社
·青岛·

图书在版编目(CIP)数据

中国大运河文化 / 汶上县干部政德教育中心编. —
青岛:中国海洋大学出版社,2022.6
ISBN 978-7-5670-3081-7

Ⅰ.①中… Ⅱ.①汶… Ⅲ.①大运河—文化研究—中
国 Ⅳ.①K928.42

中国版本图书馆 CIP 数据核字(2022)第 010270 号

出版发行	中国海洋大学出版社		
社 址	青岛市香港东路 23 号	**邮政编码**	266071
出 版 人	杨立敏		
网 址	http://pub.ouc.edu.cn		
电子信箱	cbsebs@ouc.edu.cn		
订购电话	0532—82032573(传真)		
责任编辑	赵孟欣	**电 话**	0532—85901092
印 制	青岛国彩印刷股份有限公司		
版 次	2022 年 6 月第 1 版		
印 次	2022 年 6 月第 1 次印刷		
成品尺寸	170 mm×240 mm		
印 张	11.25		
字 数	182 千		
印 数	1～4000		
定 价	69.00 元		

发现印装质量问题,请致电 0532—58700166,由印刷厂负责调换。

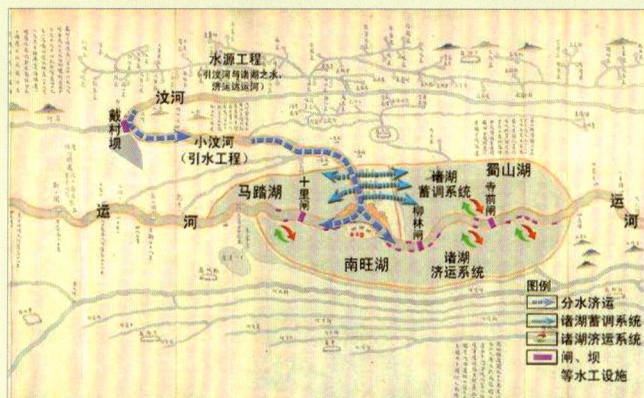
南旺分水枢纽工程运行机理图

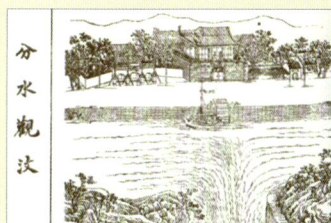
小汶河水入大运河分水口

南旺分水龙王庙旧照

水明楼

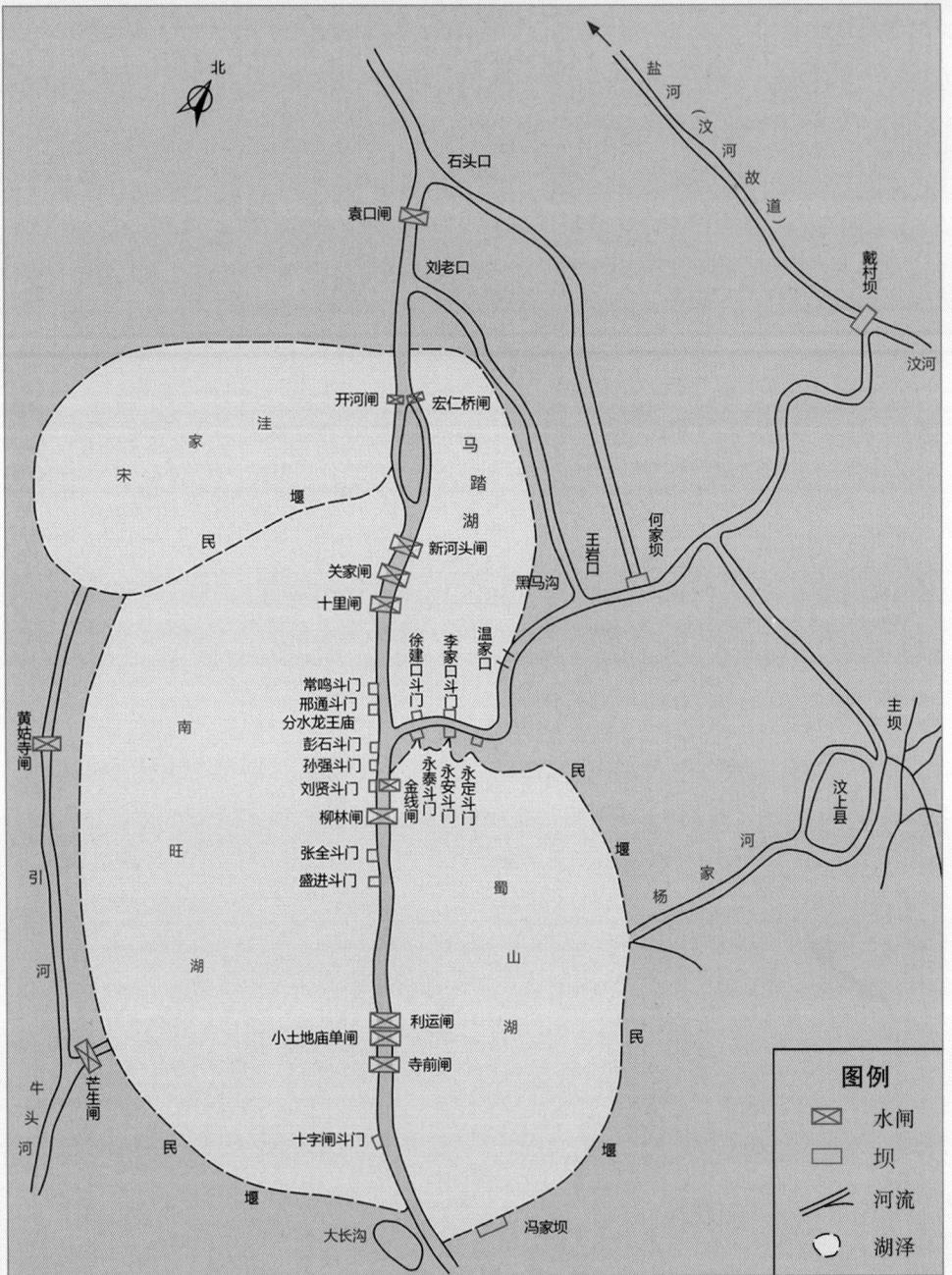

北

石头口
袁口闸
刘老口

盐河（汶河故道）
戴村坝
汶河

洼家堰
宋民
开河闸 宏仁桥闸
马踏湖
王营口 何家坝

黄姑寺闸

新河头闸
关家闸
十里闸
黑马沟
温家口

主坝

南旺湖

常鸣斗门
邢通斗门
分水龙王庙
彭石斗门
孙强斗门
刘贤斗门
柳林闸
张全斗门
盛进斗门

徐建口斗门 李家口斗门

永泰斗门 永安斗门 永定斗门
金线闸

汶上县

民堰
河家杨
民堰

引河
牛头河

芒生闸

蜀山湖

小土地庙单闸 利运闸
寺前闸

十字闸斗门

民堰

大长沟
冯家坝

图例

水闸
坝
河流
湖泽

清乾隆时南旺分水枢纽工程示意图（谭徐明、王英华等著《中国大运河遗产构成及价值评估》，中国水利水电出版社 2012 年版，第 89 页。收入时有改动。）

2

大清河

戴庙闸

安山闸

安山湖

○东平

汶

戴村坝

堽城坝

河

新口闸

小汶河

袁口闸

何家坝

○汶上

○宁阳

开河闸

马踏湖

十里闸

南旺分水口

柳林闸

蜀山湖

南旺湖

寺前闸

兖州

○

金口坝

马场湖

泗

通济闸

○

济宁

分水闸

赵村闸

天井闸

石佛闸

任城闸

水

辛店闸

新闸

仲浅闸

师庄坝

鲁桥闸

图例

⊠ 闸坝

⬭ 湖泽

〰 河流

○ 县市

南旺水利枢纽布置图

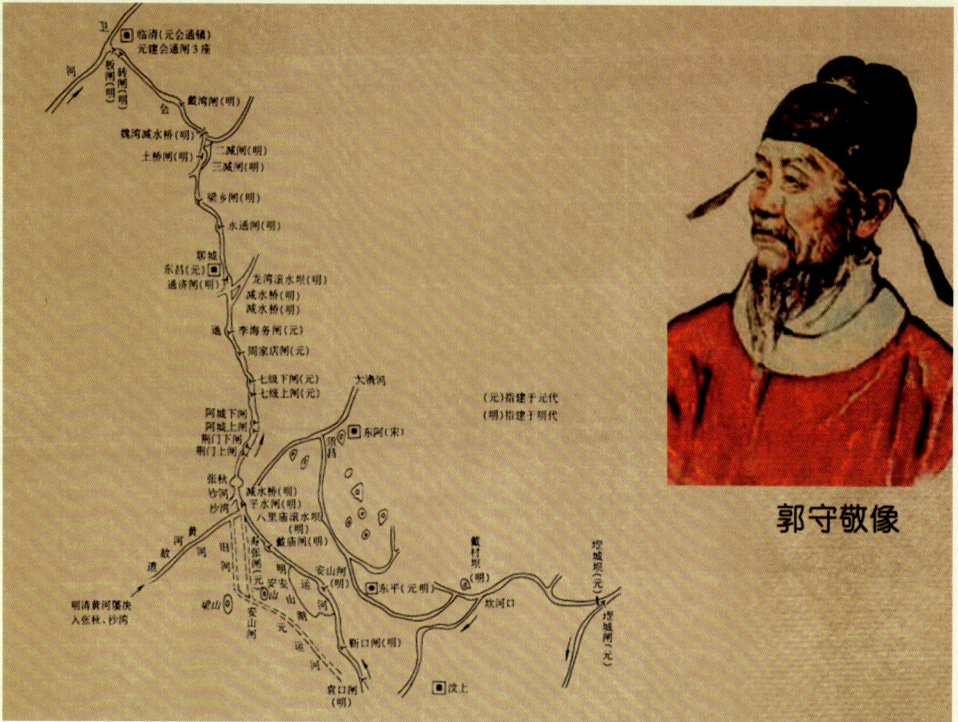

会通河水利设施图

郭守敬像

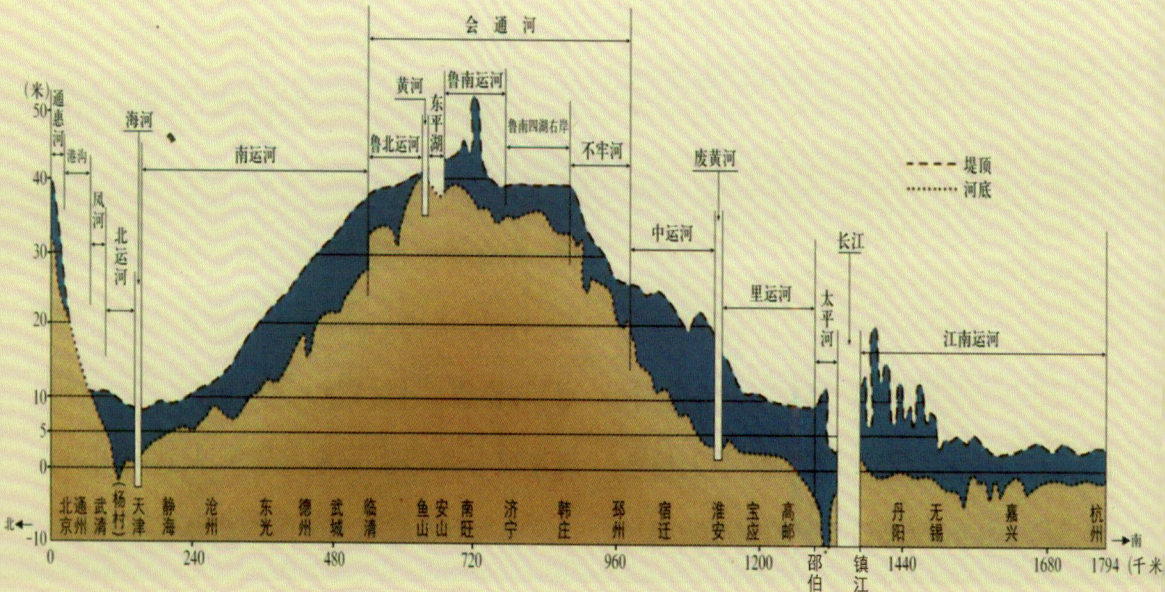

京杭运河沿线地势剖面图

民国时期运河南旺段

现代运河运输船只

5

戴村坝

前　　言

　　习近平总书记强调,大运河是祖先留给我们的宝贵遗产,是流动的文化,要统筹保护好、传承好、利用好。大运河所承载的厚重历史文化是中华文明的重要组成部分。深入挖掘和研究大运河文化,继承和弘扬大运河精神,有利于推动中华优秀传统文化创造性转化、创新性发展。

　　济宁是大运河沿线城市,有着"运河之都"的美誉,数百年来,大运河文化极大地影响着济宁、塑造着济宁。济宁市汶上县的南旺,是京杭大运河全程的最高点,被称为运河"水脊"。解决漕船翻越"水脊"问题的南旺分水枢纽工程,是古代最具科技价值的标志性运河工程,确保了元、明、清连续500余年漕运畅通无阻,被誉为运河的"咽喉工程""心脏工程"。汶上南旺因此成为大运河文化的重要载体,在大运河沿线具有不可替代的重要地位。

　　近年来,汶上县深入挖掘孔子宰中都和大运河历史文化资源,创建济宁(汶上)干部政德教育基地,并纳入全市干部政德教育"一院多区"整体办学布局,在加强干部政德修养、增强干部文化自信等方面发挥了积极作用。汶上县大运河南旺国家考古遗址公园,成为干部政德教育的特色现场教学点。

　　为深化大运河历史文化研究,将其蕴含的治国理政智慧转化为滋养干部立德修身的思想活水,汶上县干部政德教育中心与聊城大学运河学研究院深度合作,共谋发展,本书正是双方多年合作的成果。

　　希望本书的出版,能够引导大家更好地认识和弘扬大运河文化,为干部政德教育培训提供一些帮助,为大运河文化带、大运河国家文化公园规划建设提供一些借鉴。

目　　录

绪　　论

　　大运河是中国古代开凿的世界上距离最长、流域面积最广的人工运河,贯通海河、黄河、淮河、长江、钱塘江五大水系,包括隋唐大运河、京杭大运河、浙东运河等古今河道,流经北京、天津、河北、河南、山东、安徽、江苏、浙江 8 个省级行政区,全长约 3200 千米,是人类文明史上气势恢宏的伟大工程,至今依然持续发挥着航运、水利等功能。

　　由古至今,以运河为载体或者伴生的运河文化是中国传统文化的重要组成部分。作为一个复杂系统,运河连接与融合的不仅是地域意义上的南北,地理意义上的水系,经济意义上的市场,政治意义上的漕运军政,社会意义上的人群生活,文化意义上的艺术、风俗等内容,而且其自身就是中国社会发展的一种运行方式,可以说一部运河史就是半部中华文明史。大运河所承载的璀璨的历史文化,已经成为中华文明的重要标志之一,其丰富的文化遗产和文化价值集中体现了中华民族的伟大创造精神,也是中华民族增强文化自信,实现伟大复兴的重要物质与精神资源。

　　21 世纪以来,中国大运河迎来了新的"历史机遇":2014 年 6 月中国大运河被列入《世界遗产名录》;2017 年 2 月和 6 月,习近平总书记两次就大运河保护、传承、利用作出重要指示和批示,指出"大运河是祖先留给我们的宝贵遗产,是流动的文化,要统筹保护好、传承好、利用好";2017 年 5 月,中共中央办公厅、国务院办公厅印发的《国家"十三五"时期文化发展改革规划纲要》提出"规划建设一批国家文化公园,形成中华文化重要标识"的要求;2018 年,在第十三届全国人民代表大会第一次会议上,习近平总书记将大运河与万里长城等伟大工程并提,强调其体现了中国人民的伟大创造精神;2019 年 2 月,由中共中央办公厅印发的《大运河文化保护传承利用规划纲要》明确要求,按照"河为线,城为珠,线串珠,珠带面"的思路,构建一条主轴带动整体发展、五大片区重塑大运河实体、六大高地凸显文化引领、多点联动形成发展合力的空间格局框架,并根据大运

1

河文化影响力,以大运河现有和部分历史主河道为基础,统筹考虑遗产资源分布,合理划分大运河文化带的核心区、拓展区和辐射区,清晰构建大运河文化保护传承利用的空间布局和规划分区;2019 年 7 月,中央全面深化改革委员会第九次会议审议通过《长城、大运河、长征国家文化公园建设方案》,提出了"构建与国家文化公园建设相适应的理论体系和话语体系"的要求;2020 年 11 月 13日,习近平总书记到运河古都扬州考察调研并指出:"扬州是个好地方,依水而建、缘水而兴、因水而美,是国家重要历史文化名城。千百年来,运河滋养两岸城市和人民,是运河两岸人民的致富河、幸福河。希望大家共同保护好大运河,使运河永远造福人民。"

新的历史时期"大运河文化带"建设作为一项具有深远价值与重大意义的发展战略,其最主要的功能是对内凝聚人心、增强民族文化自信,对外传播中国形象、展示中华文明。那么大运河文化具体包括哪些类型,蕴含着怎样的文化精神?

大运河文化包括以下三类,即技术文化、制度文化、社会文化。首先,相较于长江、黄河等河流,运河人工开挖的特点决定了其首先反映了人与自然的关系。辩证地看,这种关系中既蕴含着人定胜天的积极态度,也有相地而流、本乎时势的理性,是人类适应自然和改造自然这一永恒矛盾的权衡。其次,"漕运之制,为中国大制"。这一制度跨越多个朝代,形成了稳定的运河制度文化(行政管理文化、战略文化)。最后,大运河区域的社会文化是由运河所流经区域民众所创造、传承的文化,它是在运河开凿和通航过程中,长期积淀形成的全部物质文化和精神文化的总和,是一个以时空辐射为演变特征的跨区域、综合性的文化系统。

大运河相关的各类文化体现了怎样的文化精神? 在一定程度上,文化与文化精神存在着差别,前者是多样化的,也可能有一定历史局限性;后者指文化的内在精神传统,或者是核心价值和精神内涵。文化精神是从历史文化中提炼出来的精华,具有超越性。大运河的文化精神体现在以下几个方面。

一、勤劳奋进、自强不息的民族精神

"逝者如斯夫,不舍昼夜。"千百年来,中华民族在开凿、治理大运河的过程中投入了超乎想象的人力和物力,锤炼了勤劳勇敢的道德品格和百折不挠的奋斗意志。中华农业文明十分注重经验积累和实践运作,志存高远又脚踏实地,知行合一。如此的文明孕育出了勤奋坚忍的道德品格和自强不息的民族精神,这种精神品格在大运河的开凿、疏浚、维护过程中有着明显的体现且得到进一步阐释。

春秋战国时期,人工运河的开凿已经在许多地区展开,比如邗沟、鸿沟、胥河、山阴故水道的开凿,虽以沟通地域河流为主,但无疑为后来大运河的南北贯通奠定了基础。秦、汉、魏晋南北朝时期,相继开凿灵渠、漕渠、狼汤渠、汴渠、破冈渎、丹徒水道、浙东运河等,其中,大部分是沟通黄河、淮河、长江、太湖、钱塘江的工程。隋唐时期,中国再次进入了大一统时代。隋文帝开皇四年(584)在关中开广通渠,开皇七年(587)开通山阳渎。隋炀帝大业元年(605)开通济渠,大业四年(608)开永济渠,大业六年(610)开江南运河。元明清时期,大运河航运随中国政治重心东移。元代开通惠河、会通河、济州河等连接了淮扬运河和江南运河,促进了以中国东部沿海为经济文化发展主线的格局的形成。晚清时期,内忧外患,国力衰败,河政废弛。1855年黄河决口,夺大清河入海,山东张秋河道中阻。至1901年漕运最终停止,漕粮改为海运。近现代随着中国经济、社会、政治的转型,沿海港口城市成为新的经济带,贯穿南北的大运河退出了历史舞台,成为区域性航运河道。

中华人民共和国成立后,尤其是1951年以后,大运河得以重新整治,焕发了新的生机,其地位与作用也从传统中国统一格局的支撑体系,转变为现代中国发展格局中的联动机制。现代大运河不仅继续发挥重要的经济作用,而且越来越彰显出重要的历史文化价值。大运河的发展历史进程中,每一个阶段都呈现出各自的历史特点,但又都表现了自强不息的民族精神。中国历史传说中第一个治水英难大禹,"八年于外,三过其门而不入"(《孟子》),"卑宫室而尽力乎沟洫"(《论语》),"沐甚雨,栉疾风,置万国"(《庄子》)。大禹治水的精神,在大运河开凿和维护的实践中屡屡得到发扬。唐代刘晏条陈利弊,尽其才力,恢复了隋唐大运河的运力,"唐世称漕运之能者,推晏为首,后来者皆遵其法度"(《资治通鉴》)。《旧唐书·姜师度传》记,姜师度"约魏武旧渠,傍海穿漕,号为平虏渠,以避海艰,粮运者至今利焉",在修复平虏渠的基础上,又进一步改善了河北地区的水利工程。唐代白居易和宋代苏轼治理杭州期间致力于疏浚运河,调节江潮与西湖水位,"民获其利"(《宋史·河渠志》)。元代科学家郭守敬规划了通惠河等河道,奠定了京杭大运河的基础。明代治河名臣潘季驯行走千里,深入调查,治河27年,"与役夫杂处畚锸苇萧间,沐风雨,裹霜露"(明代王锡爵《潘公墓志》),研究历史上的治河经验,提出了"束水冲沙""蓄清刷黄"等治河方案。清代河道总督靳辅历经20年时间,对黄河、淮河和运河进行了综合规划与治理,著就《治河方略》一书。当代运河人在新的历史时期,阐释弘扬大运河文化,建设大运河文化带、生态带,充分挖掘大运河的文化价值和生态、经济价值,展现大运河在世界文明史和人类文化史上的价值与地位。

大运河的开凿和疏浚工程复杂,非大量人力付出不可为,非代代相因不可行。《隋书·炀帝纪》记:"诏发河北诸郡男女百余万开永济渠,引沁水南达于河,北通涿郡。"河,即黄河;涿郡,治蓟县,今北京城西南隅。明代永乐九年(1411)疏浚会通河,征发山东各地、徐州、应天(今南京)、镇江等地30万民夫服役。另外,还有长期维护河道的民、兵,保障漕运的运丁及浅夫、脚夫等各类人。治河能臣和普通百姓代代传递、践行着"天行健,君子以自强不息"的精神。

二、交通南北、兼收并蓄的开放精神

中国传统文化以"天下"为文化地理空间,交通天下的文化理想即是封山浚川、连接江河湖海。《尚书·禹贡》中就曾构建过九州之间黄、淮、江、海环状互联相通关系,自春秋以来不断进行的大运河的开凿正是对这一文化理想的不懈实践。

自然水系黄河、淮河、长江、珠江等都是古代文明的发祥地。不同民族地域的文化有着各自的渊源和体系,但相互之间经过裂变、冲击,通过民族融合、地域融合而碰撞与重组,构成了以黄河中下游为中心的中华早期文明。由于早期文明的交通格局受到"一江春水向东流"的限制,难以向南北发展,因之形成了南北之间的区隔,而运河的开凿则进一步沟通了南北,形成了新的地理空间格局。

《史记·河渠书》记,楚国"西方则通渠汉水、云梦之野,东方则通鸿沟江、淮之间"。公元前613年,晋、楚争霸战争,楚国为"北上会盟""问鼎中原",先后开凿了两条运河,即"子胥渎"和"鸿沟"。"以船为车,以楫为马",擅长水上航行的吴越人民在吴国阖闾、夫差当政时期(前514—前473),在太湖流域陆续开凿故江南河、百尺渎、邗沟等运河。这些运河虽然只是区域性地沟通了黄河、淮河、长江、太湖、钱塘江水系，但其为大运河的开凿奠定了基础，并且进一步孕育了交通南北的文化理想。待至隋唐统一，隋唐大运河的开凿，实现了东西通畅基础上的南北连接。元明清三代，不仅在空间上将大运河从"人"字形改为"一"字形，而且实现了南北政治经济的平衡。因此运河的开凿史，就是不断拓展水路、联通南北的历史，也是中国军事、政治、经济、文化起承转合的历史。

大运河流经不同的行政区域，跨越了京津、燕赵、齐鲁、中原、淮扬、江南等文化圈。它连接主要河流，并与其他东西之河道及交通枢纽相互联结，形成了经济、文化传播的网络。在这个意义上，运河与其他自然河流一起，共同构建了中国地域的线性框架格局。同时，大运河分别在宁波和洛阳与"丝绸之路"交叉，是陆上丝绸之路和海上丝绸之路的联结线。陆上丝绸之路和海上丝绸之路东西贯穿亚欧，在西方汇合于地中海东岸；在东方则陆海分行：陆路止于长安，延展至中原的洛阳；海路止于广州，延展至浙江、福建沿海。隋唐大运河将两条丝路的东端连接贯通，形成亚欧交通环线，将中国与东亚其他国家以及东南亚更加紧密地联系起来，推动了文明的进步。所以，在这个意义上，运河文化本身的历史演变与附着其上的文化脉络编织了一个巨大的文化网络，沟通古今且连接世界。这种地理格局进一步孕育了中国人兼容并蓄、包容、开放的精神。

三、勇于承担、开拓进取的创新精神

世界遗产委员会认为："大运河是世界上最长的、最古老的人工水道，也是工业革命前规模最大、范围最广的工程项目，它促进了中国南北物资的交流和领土的统一管辖，反映出中国人民高超的智慧、决心和勇气，以及东方文明在水利技术和管理能力方面的杰出成就。历经两千余年的持续发展与演变，大运河直到今天仍发挥着重要作用。"人工开挖是大运河区别于其他河道的水利属性，治水不仅需要体力付出，更需治河者责任担当和创新精神。

大运河是一项系统工程，以运输为主，兼及灌溉、防洪。它是农业文明时期最具复杂性、系统性的超大型水利工程。上至帝王、能臣，下至普通百姓，都为此贡献了无穷的智慧，累积了丰富的经验，展现了伟大的创造精神。运河工程技术文化系统分为水运工程、引水工程、蓄水系统、整治系统、防灾系统等。其中，节制工程、穿越工程、跨江河工程、闸坝工程等专门性工程是工程技术的核

心,每一项工程的设计与运作,都体现了时人的创造性。例如,南旺枢纽工程调引上游自然水系,筑坝拦截,提升水位,在运河海拔最高处向南、北双向分流节制,保持航行水位,堪称世界运河工程史上的奇迹,比欧洲同类工程早约 200 年。黄、淮、运交汇——清口枢纽工程则是明、清两代以保漕为目的,面对治黄、治淮的多重挑战而不断创新的伟大水工工程,也是大运河上持续时间最久、设计最复杂的工程。从 1580 年到 1751 年间,通过筑堤约束黄、淮之水,通过不断加固加高洪泽湖堤坝提高水位,引导湖水冲刷黄、淮交汇处河道中的淤积,以"蓄清刷黄"(也称"蓄清敌黄")的手段,保障黄、淮交汇处运河航运畅通。时至今日,120 多处水工遗存中,仍有 50 多处在发挥水利功能,为现代运河水利工程提供了宝贵的智慧与经验。从空间跨度、技术条件和影响来看,像这样大规模利用水运条件进行交通运输的现象极为少见。如此完备的工程思想及技术实践,支持着中国古代的运河技术系统一直走在世界前列。

四、天人合一、和谐共生的思想智慧

作为人工河,相较于长江、黄河等河流,运河人工开挖的特点决定了其首先反映了人与自然的辩证关系,这种关系中既蕴含着人定胜天的积极态度,也有相地而流、本乎时势的理性,是人类适应自然和改造自然这一矛盾的权衡。古代道家哲学经典《老子》中说:"人法地,地法天,天法道,道法自然。"人类效法自然首先需顺应自然之道。这样的思想智慧充分体现在中国古代治水实践之中。大禹治水,顺应水性,疏导九河;西汉贾让主张"善为川者,决之使道"。当然,效法自然与开发自然并不相悖。《易经》中说"开物成务",即配合自然的力量,以人类的劳动实践改造自然并获取人类发展所需要的事物,以符合人类利益的价值和目的。在沟通南北的大运河开凿之前,古人已经开始利用弯道取直等方式引导、沟通相近水系并开挖人工运河。比如,春秋时吴国所开邗沟,穿行射阳湖,沟通江、淮;战国时期的鸿沟,沟通黄河与淮水;秦代的灵渠沟通湘水、漓水;六朝开凿破冈渎,治理丹徒水道,沟通太湖与长江之间的自然水系。大运河的开凿充分利用了自然河道和湖泊,沟通了黄河、淮河、长江、太湖、钱塘江等水系,这种对自然水系规律的把握和灵活利用,大大降低了人工成本和资源损耗,保护了自然水系的生态环境。当然,以漕粮运输为主要功能的为政治服务的运河,在一定程度上也造成了区域性自然生态的破坏。淮北地区从唐宋时代的鱼米之乡演变为穷乡僻壤的事实,亦是在警醒人们,对自然的利用应遵循"适度"原则,少一些"牺牲",多一些"和谐"。

和谐共生在大运河流经区域的一种体现即是人们临河而居、以河为生的生活方式。运河城市苏州,小桥流水人家的烟火气在清乾隆朝画家徐杨的《姑苏繁华图卷》中是城、街、巷、桥、码头、舟楫、寺院、民居、店面,还有婚娶、宴饮、雅集、授业、科考、出巡、演艺、田作、买卖、渔罟等生活场面。古运河中橹声阵阵,山塘街上丝竹悠悠,街市上人们往来喧嚣,分不清是运河滋养了人们的生活,还是生活推动了运河的流波。船民、纤夫、工匠、官员、驿卒、税吏、商贾、文人举子、僧侣、兵士、传教士、外交使节等工作、生活在运河之上,改变了自然生态的局限和传统社会的结构,突破了传统农业社会的田园生活,促使沿岸城镇形成"五方杂处"多元融合的社会生态,大运河也成为运河儿女共同的精神家园。

五、继往开来、复兴盛世的政治追求

大运河在历朝历代的功用并不完全相同,但是从历史长时段来看,大运河不仅从空间上拉近了中国南北的距离,更从国家战略格局上促进了传统经济格局和政治地缘格局的改变,促进了集权政治的稳定、区域地方社会发展的平衡,保证了国家统一和安全。无疑,大运河凝聚了历代精英的政治智慧。这些智慧通过社会实践的延续而世代相传,成为中国特有的政治成就,承载了唐宋以来的盛世国运。

隋唐及其后代王朝以运河为"安社稷之奇策",利用江南富饶地区的财富,实现政治、经济之间的平衡;宋代定都于运河城市汴梁(今开封),形成了"四方所凑,天下之枢,可以临制四海"(《宋史·河渠志》)之势;南宋虽偏安临安(今杭州),但通过经营江南运河和浙东运河,创造了富庶开明的时代;明太祖朱元璋弃汴梁选择南京为都,后明成祖朱棣移都城至北京,每一次历史节点上的重要抉择,都在一定程度上考虑到了运河"上有关于国计,下有系于民生"的作用。纵观大运河的历史,国运兴隆多与运河畅通相关。当然,对于社会而言,大运河也促进了南北经济的发展和市场的建立,形成了独特的城镇、乡村、生态共同繁荣发展的经济与文化环境。所以,在一定程度上,大运河与兴旺发达和繁荣昌盛相关联。

新的历史时期,运河文化的挖掘、保护、传承和利用延续了历代人们的精神追求,正如《易传》中所说,"盛德大业,至矣哉!富有之谓大业,日新之谓盛德";同时又应时而变,将"以文化为引领"作为运河的主要功能,塑造国家形象、推动文化传播、坚定文化自信、构建国民身份认同,以实现"舟车既通,百货杂集,航海梯峤"的"文明互鉴",获取中华民族伟大复兴的精神源泉。

第一章　中国大运河的历史变迁

中国大运河作为世界文化遗产,有着 2500 余年的历史,包括隋唐大运河、京杭大运河、浙东运河三部分,由北往南沟通了海河、黄河、淮河、长江、钱塘江五大水系以及大小湖泊,其开凿过程体现了劳动人民的伟大智慧与无穷的创新精神。它始于春秋时期吴王夫差所开邗沟,在数千年中不断完善、发展,逐渐成为了举世闻名的世界性水利工程。大运河对中国社会的政治、经济、文化产生了巨大而深远的影响,在古代起着漕粮运输、京城供给、粮价平衡、市场稳定等功能,促进了沿线市镇的发展与崛起,形成了繁荣的运河经济带。在今天,运河依然发挥着航运、排水、蓄水、灌溉等作用,对沿线生态环境调节、农业生产、旅游开发有着重要价值。中国大运河作为流淌数千年的河流,其不仅留下了不计其数的物质、非物质文化遗产,而且其文化内涵更是弥足珍贵,如开凿运河的奋斗不息、治理运河的坚忍不拔、水工科技的创新不止,勇于负责、大义当先等精神无时无刻不体现于中国大运河的历史变迁之中。一部中国运河的发展史,也是中华民族精神的传承史。渗透于运河沿线民众血脉之中的精神,既影响了中国大运河、影响了运河区域社会,也铸就了华夏民族的优秀传统与不朽精神,代代相承,永无止息。

第一节　先秦至魏晋南北朝时期的运河

先秦至魏晋南北朝,是中国大运河的萌芽与初步发展期,这一时期中国历史上出现了多次的统一、分裂局面,但总体趋势是统一,而运河对于当时国家稳定、军事供给、经济发展起到了相当大的作用。

随着历史的演进,运河开凿的长度、规模不断扩大,其功能也日益丰富,对经济、社会的影响也逐渐加深。运河的开挖过程也是改变自然界并最终与自然和谐共处的过程。通过人力改造自然,使之更好地服务于政治需求与现实需要,是古代政权开凿运河的重要目标之一。而运河的萌芽阶段,既体现了中国民众对大自然的敬畏,又体现了其探索不止、勇于创新的意志。正是通过辛勤的劳动、永不言败的意志、持之以恒的毅力,才使早期的运河不断完善、发展,从而为后世运河的成熟提供了经验与借鉴。

一、先秦时期的运河

先秦时期诸侯割据、列国争雄,各割据政权或力求自保,或富国强兵,或争夺霸权,纷纷开凿运河,用以运输兵粮。虽然这一时期开凿的运河较短,同时因主要服务于征战,管理程度较低、维护措施较少,所以军事方面的功能较强,而经济、文化交流的功能较弱,但这一时期运河的开凿,积累了一定的技术与经验,其作用发挥的大小也是与当时的历史背景、社会状况相符合的,为秦汉、魏晋运河的进一步开挖提供了一定的借鉴。另外,这一时期邗沟、菏水、鸿沟等运河的出现,也沟通了不同的水系,使黄河文明、长江文明得到了初步的交流与融合,促进了农耕技术与先进工具的传播,刺激了沿线交通的发展与城市的出现,改变了沿线区域的生态环境,对于促进民族融合、国家统一也有着重要的意义。

首先开凿运河的是春秋时期位于长江中下游的吴国。吴国地处江南水乡,水网密布、船只众多,有着开凿运河的地理条件与技术优势。吴王夫差富国强兵后,为争夺霸权,北上与中原强国齐国争战,于公元前486年自扬州城下开凿

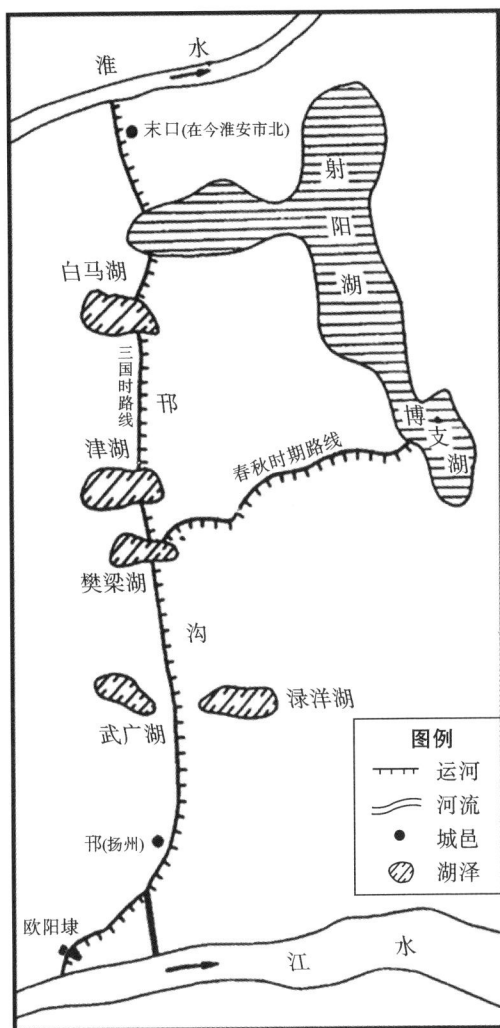

邗沟示意图①

运河,引江水(长江)北流入射阳湖,然后至今淮安末口附近入淮水(淮河),因当时扬州称邗,所以这条运河称邗沟。邗沟开凿成功后,吴国的舰队浩浩荡荡地由长江进入邗沟,由邗沟入淮水,再经山东的泗水,在艾陵(今山东莱芜附近)之战中击败齐国,迫使齐国承认了夫差的霸主地位。邗沟是中国有历史记载的第一条运河,它因兵肇始,其开凿充分利用沿线的自然河流、湖泊,减少了人力的

---

① 王树连《巧借地利》,星球地图出版社1995年版,第223页。收入时有改动。

耗费,体现了古人认识自然、利用自然,在水利开发方面的创新精神。吴王夫差战胜齐国后,为进一步扩张霸权,欲迫使中原大国晋国承认其霸主地位,于是又在山东境内开凿运河,于商、鲁之间"阙为深沟",称菏水。这条运河连通了今天山东省的定陶与鱼台。利用大野泽为水柜,运河的畅通得到保障,吴国军队由长江入邗沟,再入淮河,后从泗水进入菏水,接着入济水,最终到达河水(黄河)岸边的黄池,与晋国会盟。菏水是山东境内最早开挖的运河,它连通了泗水与济水两条大河,促进了山东境内政治、经济、文化的交流。运河利用大野泽含蓄水源,保障运道,是水利史上的创举,为后来水柜技术的成熟奠定了基础。

菏水示意图(聊城大学运河文物文献展览馆)

战国时期,诸侯林立,战乱不休。三家分晋后,占据河南、山西、河北、陕西部分地区的魏国发愤图强,为加强与中原诸国的政治、经济、贸易交流,同时强化合纵抗秦的战略,魏惠王时于都城大梁(今开封)附近开凿鸿沟。鸿沟并不是单一的水道,而是数条河流构成的水系,主水道自荥阳引黄河东流,入淮河支流颍水,从而沟通了黄河、淮河两大水系,使黄淮之间的水路交通得以贯通,强化了魏国在战国时期的政治地位。鸿沟的开挖,是早期国人对黄河的开发,体现了民众对水利资源利用的热情与积极性,而开河过程中民众艰苦耐劳、勇于创新、奋斗不止的精神也代代流传,成为了运河文化,乃至华夏文化的重要组成部分。

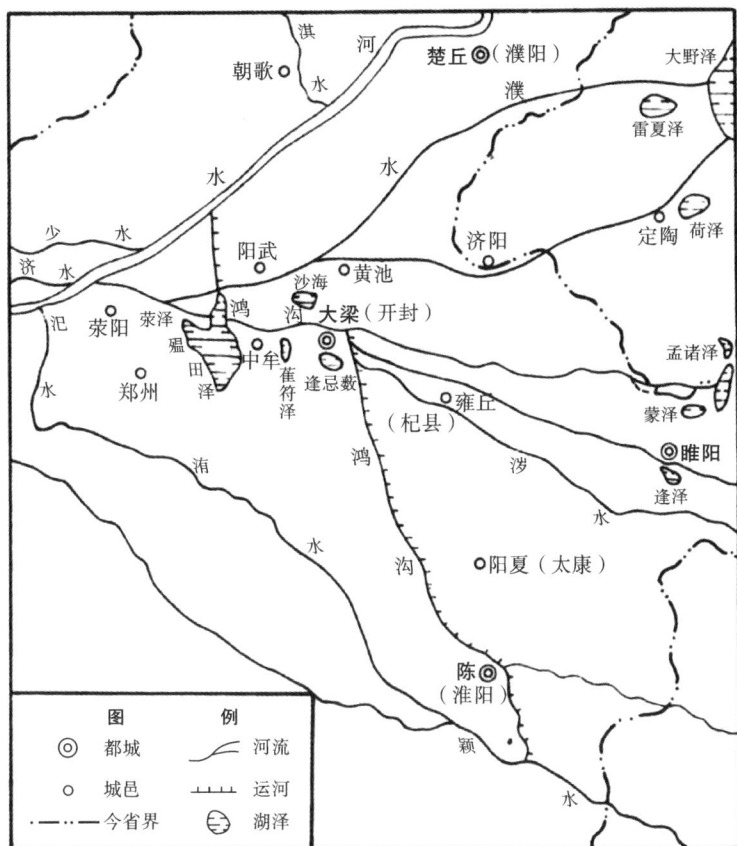

战国时期鸿沟水系图①

二、秦汉时期的运河

秦汉是中国历史上的大一统时期,国力强盛,经济发达,开凿运河有着足够的财力予以支撑。运河利于维护国家统一,方便军队、粮食、物资的调配,在国家、社会中具有重要的战略意义。另外,秦汉定都关中,能够充分利用黄河、渭河等自然水道,并通过运河予以贯通,使关中、江淮地区的漕粮得以源源不断地输往长安,促进了人口、商货、文化向京城聚集,使长安成为当时著名的国际大都会。

---

① 张来友《郑州文化资源地理:区域、社会、发展》,西安地图出版社 1996 年版,第 88 页。收入时有改动。

　　秦灭六国后,为加强对岭南地区的控制,促进民族融合与国家统一,派兵进军岭南地区,当时监御史禄面对岭南高山峻岭、烟瘴遍布的地理环境,为方便军队、物资供输,在今广西兴安境内开凿运河,沟通了湘江与漓江,称灵渠。湘江是长江的支流,漓江是珠江的支流,所以灵渠沟通了长江、珠江两大水系。监御史禄在湘江中筑坝提高水位,用斗门(又称陡门,即后世船闸的雏形)控制湘江入灵渠的水量,从而使运河既能够流过中间的山岭,又能够控制运河水源的平衡,对于中国水利工程技术的发展做出了重要贡献。同时,灵渠的贯通,也使中原先进的农耕技术得以传入岭南地区,促进了不同民族之间政治、经济、文化的交流,对于华夏民族的形成产生了巨大的推动作用。除此之外,秦朝还命囚徒3000人在今江苏丹徒、丹阳一带开凿运河,用以运输、灌溉,逐渐形成了后来镇江一带的江南运河。

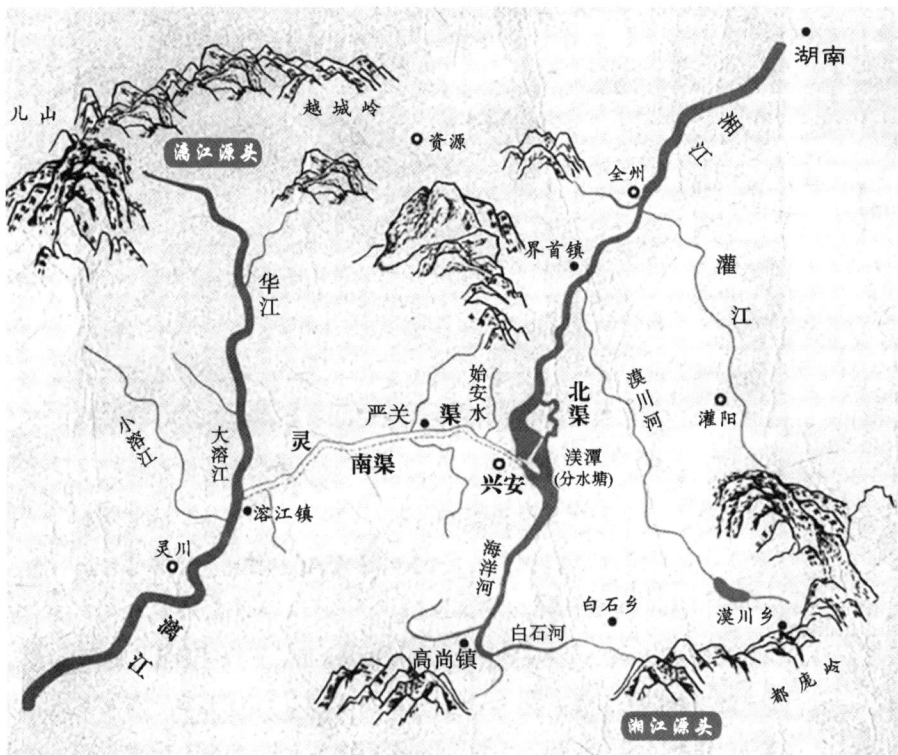

灵渠示意图①

---

① 张执雪《走近桂林文化城》,广西师范大学出版社 2017 年版,第 57 页。

　　西汉是推翻秦朝而建立的大一统政权,京城长安(今西安)地少人繁,所产难以满足供给需求,只能利用黄河支流渭河运输关中所产粮食至京城,但渭河曲折多沙,频繁淤塞,严重耽误了漕船航行。为强化供需,汉武帝时大司农郑建议在渭河南岸开凿运河,一方面可以利用黄河及其支流的水源,另一方面与渭河平行,可以交替使用。运河由著名水利专家徐伯负责,三年后竣工。他率领军卒、民众数万人开河,施工期间坚守于工程一线,不畏寒暑,勇于担责,与开河民众同甘共苦,攻坚克难,体现了一名水利专家的敬业精神。这条长达 150 余千米的运河称漕渠,它引黄河为源,直至都城,使沿线所产粮食得以顺利输往长安,保障了都城的供给,满足了大量人口的需求。同时漕渠还连通了黄河,使黄河流域大量人口、商货向长安聚集,提升了长安的政治、经济地位,为其成为国际性大都市奠定了基础。除开凿漕渠外,为发展农业生产,西汉还开凿六辅渠、白渠、龙首渠,用以灌溉农田,增加粮食产量,提高民众生活水平。

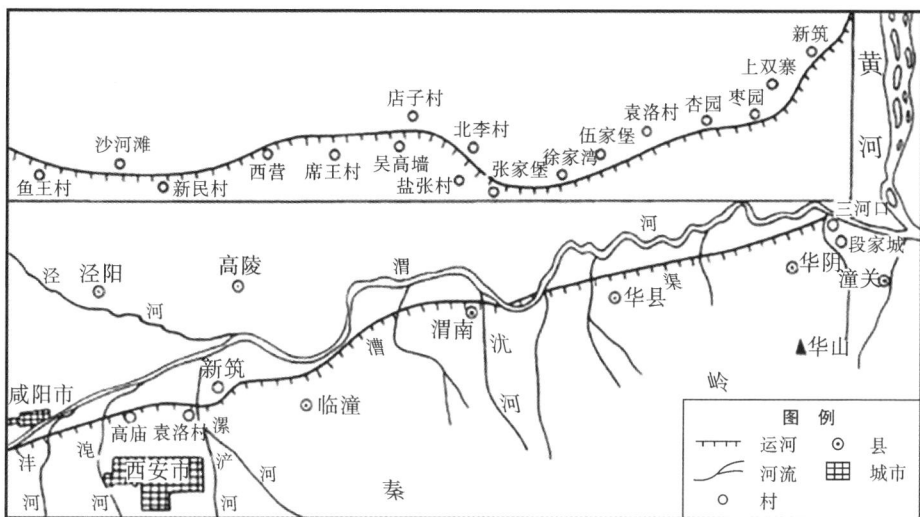

西安城北的漕渠走向和遗迹①

　　东汉定都洛阳,政治中心东移,这一时期为促进漕运的发展,主要开凿与疏浚了汴渠、阳渠。东汉时鸿沟主水道逐渐湮塞而不能使用,其中一支汳水尚能

―――――――――

①　樊志民、卫丽《中国农业通史》第二卷,西北农林科技大学出版社 2017 年版,第 74 页。收入时有改动。

通航,又称汴渠。因黄河水冲击汴渠,洪水泛滥,民众受灾而流离失所。光武帝刘秀接受阳武令张汜建议准备修筑黄汴工程,后浚仪令乐俊因节约民力而加以阻止,而后汴渠东侵,兖州、豫州百姓苦难,正常的农业生产、日常生活都受到冲击。汉明帝永平十二年(69)决意对汴渠进行整治,明帝命著名水利专家王景、王吴负责。在做好前期规划、勘测的基础上,两人率领军卒、民众数十万人实施治河工程。他们不畏艰难,开山凿砥,直截沟涧,疏浚淤塞,设置水门,通过艰苦卓绝的劳动,实现了黄汴分流。明帝亲自沿河巡视,命附近郡县设置官员负责水利、堤防,形成了初期的河政管理制度。除疏浚汴渠外,东汉初期为改善洛阳城供给,还开凿了阳渠。该渠由大司空张纯负责施工,引黄河支流洛水为源。运河位于洛水北岸,洛阳城南,于漕粮运输非常便利。

东汉末年战乱不休,生灵涂炭,曹操为统一北方,开凿漕渠以服务于军事。建安七年(202)为击败冀州割据势力袁绍,曹操治睢阳渠,进军官渡,后又引淇水入白沟,增加运河水量,以便占领袁绍政治中心邺城。建安十一年(206)为彻底消灭逃奔幽州的袁氏残余势力,又沿海开平虏渠、泉州渠、新河,击败了辽东公孙康与辽西乌桓,统一了北方。曹操所开运河尽管距离较短,缺乏足够的维护,但促进了沿海地区的开发,强化了中原与北方的民族交流。

三、三国两晋南北朝时期的运河

三国两晋南北朝是中国历史上政权更迭最为频繁的时期之一,这一长达360余年的分裂与战乱阶段,对民众造成了巨大的灾难,导致经济发展受阻,农业生产遭到严重破坏,不利于社会的持续发展。但同时,这一时期也是中国运河大量开挖的时期,为后世大运河的出现积累了丰富的经验。

魏国建立后,魏文帝曹丕为征讨吴国,曾在今河南漯河东部开挖讨虏渠,利用汝水至颍水,运输兵粮至江淮前线。后又命尚书郎邓艾开河渠,通漕运之道,大积军粮于淮南。该运河称广漕渠,既可灌溉,又可运输,促进了东南地区的开发。除此之外,魏国还开挖淮阳、百尺、广漕、白马、鲁口、成国、车箱等渠,在所在地农业生产与经济发展方面发挥了重要作用。吴国偏安东南一隅,国力有限,但地处水乡,河网密布,有着开挖运河的优势与条件。赤乌八年(245)校尉陈勋奉命开河,率军士、工匠 3 万人实施,因运河须流经山陵,只能斩绝陵垄,异常艰辛。3 万人通过夜以继日的劳动,克服重重困难,终于开通了常州至丹徒入长江的运河。该运河称破冈渎,设计巧妙,沿途利用土坝控制水源,解决了水位落差的问题。吴国还开挖了一条运河——运渎,其路线为自秦淮河北至都城建康(今南京)中的仓城,用以运输漕粮,满足皇室需求。与魏、吴相比,蜀国主要利用岷江水利,对战国时期秦国所筑都江堰加以维护、修缮,用以灌溉沿岸农田。

西晋王朝建立初期,曾为避开三门之险,凿陕南山,决黄河东注洛阳,但因工程量巨大而失败。后镇南大将军杜预于江淮地区开扬夏水道,用以泄长江洪水及运输漕粮。会稽郡内史贺循开西兴运河。西兴运河东起绍兴城西,至钱塘江南岸西兴镇,长 100 余里,用以灌溉与航运。除此之外,西晋陈敏、东晋哀帝时两次对邗沟进行改造,避开了博芝、射阳、津湖等湖泊,减少了漕船因遭遇风浪而倾覆的危险。东晋永和十二年(356)北方前燕政权入侵东晋边境,徐州刺史荀羡奉命讨伐。他在山东境内引汶水通渠至东阿,这条运河称洸汶运河,沟通了济水、汶水水系。太和四年(369)徐州刺史桓温曾于巨野凿河 300 里以通舟运,称桓公渎或桓公沟。除两晋外,北方少数民族建立的政权多利用黄河水道运输漕粮等物资,较少开凿人工运河,不过他们对于漕仓的建设非常重视。例如,后赵曾于沿河设置水次仓,存贮顺河而来的漕粮;后魏也于小平、石门、白马津、济州、大梁等地设置水次仓,存贮租赋、漕粮;北齐甚至设置司农寺,管理梁州水次仓、石济水次仓。

总体来看,三国两晋南北朝时期的运河多因军事征战、农业灌溉、漕粮运输而开挖。受国力所限,各割据政权所开运河较短,缺乏系统的管理与维护,很多运河很快淤塞与湮没。不过,部分运河一直使用至隋唐时期,成为隋唐大运河的早期河段。另外,这一时期开挖的运河对于当时的政治、军事、经济变迁也产生了重要影响。

第二节　隋唐至元代时期的运河

隋唐至元代是中国大运河开凿的活跃期,这一历史时期相继出现了隋唐大运河、浙东运河、京杭大运河,所开运河不但长度长、分布范围广、涉及自然河道多,而且管理制度、运作机制、功能作用也日益健全,基本上形成了相对完善的河政、漕运系统,在中国运河史上占有重要地位。之所以出现这样的盛况,是与多种因素密不可分的。首先,隋、唐、元是统一的帝国,国力强盛,政局相对稳定,有着足够的财力组织较多的开河人员,集中力量开凿运河。其次,随着政治中心向东部及北方的偏移,经济中心的南移,开挖运河沟通京城与漕粮、物资地之间的联系,成了客观的需要。最后,隋、唐、宋、元时期,水利科技水平日益提升,闸、坝、堤、堰、水柜的修造技术日加成熟,河道通畅,大大提高了漕粮与商货运输量。

这一时期隋唐大运河、浙东运河、京杭大运河的开凿对中国历史产生了巨大而深远的影响。在政治上,大运河沟通南北,运输漕粮与商货,保证了京城供给,巩固了王朝的统一。同时,通过运河可以便利地运输军队,强化了国家对区域社会的控制。在经济上,运河促进了沿线城市与市镇的崛起,加快了全国各地货物的转输,促进了商业市场的出现与发展,对国家财政也是有益的补充。在文化上,大运河一方面实现了不同区域文化的交流与互动,另一方面促进了各族人民的迁徙,加快了民族融合。

一、隋唐大运河

隋代建立后,定都长安,关中地区生产的粮食已难以满足京城需求,因此开挖运河、扩大供给成为隋王朝迫在眉睫之事。隋文帝开皇四年(584)命水利专家宇文恺开凿运河。此运河因流经渭口广通仓下,故名广通渠。运河长300余里,自都城大兴城西北引渭河,循西汉漕渠故道而东流,至潼关入黄河,可将渭河两岸漕粮运至都城。隋代国土辽阔,郡县众多,南方隐藏有诸多反叛势力。为加强对江南地区的控制,同时为了将富庶之地的漕粮等物资输往京城,隋炀帝大业元年(605),征发黄河以南郡县百姓百万人开凿运河,自洛阳引洛水,穿洛阳城南,至巩县洛口入黄河,又至汴渠,经宿县、灵璧至盱眙入淮河,沟通了黄河与淮河,称通济渠。3年后,为北伐高句丽,增强北部边防供给能力,又征发黄河以北郡县男女百万人开凿永济渠,引沁水南达黄河,北通涿郡(今北京附近)。沿河百姓负责漕粮运输任务,负担沉重,开河过程中因冬季寒冷,百姓浸泡于泥水之中多有死亡。除开凿通济渠、永济渠外,隋代还扩宽与加深了邗沟,疏浚改造江南运河,使大型龙舟能够顺利通过。

隋代大运河长2500余千米,是中国历史上,乃至世界历史上最长的运河,运河贯通五大水系,动用民工数百万人,规模巨大,气势恢宏。隋代大运河的开凿体现了古代劳动人民艰苦卓绝的创造精神,是集体智慧的结晶,其间劳动人民作出了巨大的牺牲,正如唐代诗人皮日休在诗歌《汴河怀古》中所言:"尽道隋亡为此河,至今千里赖通波。若无水殿龙舟事,共禹论功不较多。""赖通波"的功绩不应该归于隋炀帝,应是伟大的劳动人民。

唐朝立国后,以长安为西都,洛阳为东都,在继承隋代运河的基础上,没有大规模开凿运道。唐朝时将通济渠称汴渠。在多数时间中,汴渠是唐王朝的生命线,江淮、江南物资输往东都洛阳,以供给皇室、百官与军队。安史之乱后汴渠运道中断,漕运量大减,严重威胁到唐王朝统治的稳定。之后转运租庸盐铁使刘晏对汴渠进行了大规模的治理与改造,使之恢复了唐初的运输能力。唐后期藩镇割据,汴渠再次陷入困顿,最终淤废。除整顿汴渠外,唐玄宗时还对邗沟进行了整治。唐朝邗沟称楚扬运河,也称漕渠。为解决长江岸南移造成的运河入江口淤塞问题,唐朝在京口(今镇江)隔江相对的瓜洲向北开河 12.5 千米入邗沟。这不但解决了泥沙淤积问题,而且缩短了漕船渡江的距离,增加了安全系数。为增加漕粮供给,获取江南富庶之区的物资,唐朝还对江南运河予以整修,设置了一系列水工设施,通过船闸、土坝节制水源,筑水柜调蓄水位,大大改善了江南运河的通航条件。

二、宋辽金时期的运河

宋辽金是中国历史上又一个不同王朝并立的时代,在 300 余年间,不同政权相互征伐,掠夺土地与人口,一直没有实现统一。在混战与交流中,为富国强兵,争夺财富,各政权对于运河开挖、漕运发展非常重视,不但设置专门的官员管理河道整修与漕粮运输,而且对于河防建设、航道改善异常关注,体现了漕运制度的日渐成熟。

"兵以食为命,食以漕运为本。"两宋以漕运为国脉,对于运河的开凿及管理、维护非常重视。北宋都城开封,附近水系发达,河流众多,为开凿运河提供了便利条件。开封附近有"漕运四渠",分别为汴河、惠民河、金水河、广济河,除此之外黄河也承担着大量的漕运任务,其中,汴河为北宋最重要的漕运要道。江淮之粟由江南入淮河,经汴河至开封,陕西之粟由三门峡转运黄河,入汴河达开封,陕、蔡之粟由惠民河转蔡河,再入汴河达京,转运物资涵盖漕米、薪炭、百货等。北宋为保障汴河漕运,设置都水监予以管辖。北宋鼎盛时期汴河岁运输量达 600 万石(宋时,1 石合 60 千克),黄河运输量为 80 余万石,惠民河运输量 60 余万石,广济河 60 余万石,总计 800 余万石,这一运输量在中国漕运史上都属于最高峰。北宋灭亡后,南宋定都临安(今杭州),偏安一隅,主要依赖浙东运河、浙西运河进行运输。浙东运河连通杭州与宁波,与海相通,不但可以将江南地区的漕粮等物资输往临安城,而且是海上丝绸之路的重要组成部分。日本、东南亚国家等与南宋王朝的政治、经济、文化交流往往通过浙东运河进行。浙东运河扩大了中国与海外的沟通,传播了中华文明。

宋代漕运四渠示意图①

---

① 邹逸麟《黄淮海平原历史地理》,安徽教育出版社 1997 年版,第 156 页。收入时有改动。

辽、金是与两宋并立的少数民族建立的政权,主要统治区域在北方。早期作为游牧民族,辽、金对于农业生产不甚重视。随着其对中原文化的学习与借鉴,都城的固定及定居生活的扩大,农耕文明与漕运建设的地位逐渐提升。辽朝为满足南京城(今北京西南)需求曾开萧太后运粮河,该河连接京城与张家湾,运粮路线为沿海而来漕粮至天津北塘,循潮白新河南段,过香河县至潞河,沿潞河达张家湾镇,通过萧太后运粮河至京城。金朝建立后,曾试图开金口河、卢沟河以通漕运,但因泥沙含量大,很快淤塞,只能通过陆运粮食入京。金代主要运输通道为御河,即隋唐大运河永济渠北段。该河以自然河道卫河为源,自河南达天津,沿途州县漕粮通过运河输往临清、德州、东光、兴济等州县漕仓之中,凡运河所经之地官员加"提控漕河事""管勾漕河事"等职衔,兼有河道修防、漕船催趱等权力与职责。

三、元代京杭大运河

元朝建立后,定都大都(今北京),随着政治中心与经济中心的分离,北方所产难以满足京城庞大人口的需求,皇室、百官、军队所需,"无不仰给于江南"。因此,开凿运河,扩大南粮北运成为了元政府必须解决的问题。

元初实行海陆联运,但海运多险,陆路效率低下,在此背景下,开凿运河有助于增强漕粮运输的多元化。至元十九年(1282)元政府开挖山东济州河,以济州任城(今济宁)为中心,北经南旺镇、袁家口至须城安山镇入大清河,南至微山县鲁桥镇入泗水,全长75千米。为解决水源不足问题,于兖州泗水上筑金口坝、宁阳汶水上筑堽城坝,引汶、泗二水至济宁注入马场湖后南北分流,南流以增泗水水量,北流至安山入大清河。济州河使用数年后,因大清河入海处不断淤塞,运输效率下降,漕船不能顺利入海。至元二十六年(1289)元世祖忽必烈又采纳寿张县尹韩仲晖建议,派遣漕运副使马之贞与太史院令史边源勘查山东地势高低,测量地理,计算工程费用,准备开凿新运河。实地调查结束后,忽必烈出150万缗钱、米4万石、盐5万斤为施工用度,命断事官忙速儿、礼部尚书张孔孙、兵部尚书李处巽负责施工,同时征调附近民夫3万余人,沿济州河向北继续开挖,经寿张、东昌,至临清入卫河,全长120余千米,沿途置闸数十座,以调控水源,元世祖赐名"会通河",又称"闸河"。因新开运河与原济州河连成一线,故统称会通河,该河在元、明、清三代一直是京杭大运河的重要组成部分,对于漕粮运输及山东区域社会的发展产生了巨大而深远的影响。

在开凿济州河、会通河之前,元政府还曾尝试在山东半岛开凿胶莱运河,以缩短海运距离。至元十七年(1280)为解决海道运粮远绕山东半岛之险,山东莱州人姚演建言开凿横贯山东半岛的运河。该运河历经两年而完工,南起黄海灵山海口,北达渤海三山岛,自平度市姚家村为分水岭,南北分流,北流入莱州湾,南流入胶州湾,长约65千米,称胶莱河或胶莱运河。以姚家村为界,北胶莱河约50千米,南胶莱河约15千米。胶莱河完工当年运粮约2万石。数年后,忽必烈又令扩修胶莱河,增加河道水量。至至元二十二年(1285)胶莱河运量已达60万石,过往船只1000余艘,在国家漕运中地位日加重要。但连年开河,耗资巨大,劳民伤财,加上胶莱河沿线地形起伏,多为花岗岩,坚硬而难以开凿,只能通过烧热石头浇灌冷水使之炸裂的方式开河,同时入海口处风浪较大,泥沙淤积比较严重,船只出海、入河困难重重。因此,至元二十六年(1289)即罢黜胶莱河管理机构胶莱海道运粮万户府。第二年胶莱河停止运粮。胶莱河的开凿体现了中国古代劳动人民与大自然的抗争精神,是对海洋的探索,其积累的丰富开河经验与教训,为后世提供了有益的参考。元代后,明正统、嘉靖、万历年间因京杭大运河频繁淤塞,大臣、民众多提重开胶莱河之议,但由于工程难度大、倭寇之患等原因,胶莱河使用程度较低。清雍正年间经勘查后,决定永不疏浚胶莱河。

除开凿在山东的运河外,元政府对于大都(今北京)附近的漕运建设也非常重视。至元二十八年(1291),著名水利专家郭守敬复任都水监后开启了京城附近运河的开凿规划,在实地调研京城附近水源分布的基础上,自昌平白浮村引神山泉,西折南转,过双塔、榆河、一亩、玉泉诸水,至京城西门入京,汇为积水潭,东南出文明门,东至通州高丽庄入白河,总长80余千米。工程于至元三十年(1293)竣工,称通惠河,因通惠河沿线落差较大,所以设置大量船闸以制水源,保障漕船的顺利通行。其间元政府又将通州至直沽(今天津)之间的河道拓宽、疏浚,称白河或潞河,清代称北运河。

元代开凿济州河、会通河、通惠河,实现了京杭大运河的全线贯通,运河一直使用至清朝末年,直到咸丰五年(1855)黄河铜瓦厢决口后方中断,数百年间对于国家漕粮运输、商货转运、城镇繁荣、市场兴盛、文化交流、民族融合起到了巨大的作用。元代京杭大运河长近 1800 千米,较隋唐时运河缩短了数百千米,但京杭大运河科技含量更高,沿线闸坝林立,水工设施众多,为明清京杭大运河的畅通与治理提供了丰富的经验。

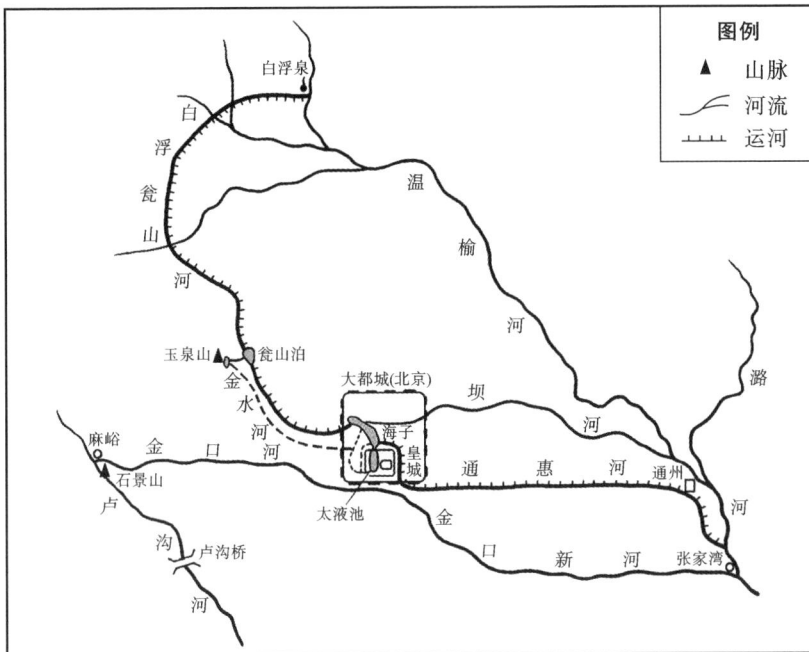

元代通惠河示意图①

第三节　明清时期的京杭大运河

明、清两朝是中国运河管理制度与漕运制度最为完善与健全的时期,形成了极为庞杂的系统。该系统涵盖漕河、漕粮、漕船、漕仓、漕军、漕夫、漕法诸方面。这些方面既相对独立,又密切相关,共同维持着漕运系统的正常运转。在运河管理方面有河道总督,漕运方面有漕运总督,仓场方面有仓场总督,总督下又有大量的官员、兵丁、夫役。在明清 500 余年间,为保障运河的畅通,不断修

---

① 姚汉源《京杭运河史》,中国水利水电出版社 1998 年版,第 88 页。收入时有改动。

建水利工程、治理黄河决口,力图实现漕粮的顺利入京。但随着黄河对运河的冲击日加严重,河工经费支出庞大,加上清末轮船、铁路及商品粮市场的兴起,咸丰五年(1855)黄河铜瓦厢决口,冲决山东张秋运河,夺大清河河道从山东利津入海后,传统漕运便不断没落,而大运河也日渐衰微。

一、明代大运河的治理

明朝初年,由于元末战乱影响运河治理,山东会通河淤塞不通,漕运功能几乎完全丧失。明初定都南京,漕粮多由长江或海道运输至京城,所以对运河治理程度不够。北部边防所需粮草多由海路或经黄河转陆路运输,异常艰难。明永乐年间,南京有诸多不服从朱棣的势力,永乐皇帝欲迁都北平。为做好前期的运输工作,重新恢复元代淤塞的大运河成为明王朝重要的国策。

永乐九年(1411)明政府命工部尚书宋礼主持疏浚会通河。宋礼亲自前往山东勘查地理地势,并遍访当地的百姓,最后采纳汶上老人白英建议,在东平大汶河上筑戴村坝,引水至京杭大运河最高点南旺镇入运河,并通过船闸、斗门、水柜调节水位,含蓄水源,从而使京杭大运河南北贯通,保障漕船的顺利通行。南旺作为京杭大运河最高点,又称"水脊",位于济宁北45千米,由此分水,可合理安排运河分流水量,有"七分朝天子,三分下江南"之称。其水工科技含量之高、运作之严密、使用时间之长、功能之巨大,在京杭大运河史上极为罕见,号称"北方都江堰"。由诸多闸、坝、堤、堰、水柜形成的南旺枢纽工程,在明清500余年间发挥了巨大的作用,工程体现了中国古代劳动人民的伟大智慧与创新精神。宋礼的敢于担当、尽职尽责、事必躬亲,白英的一心为国、鞠躬尽瘁、勤于实践等精神,传承至今,一直影响着国人。

明代运河畅通后,黄河对运河的冲击与淤塞始终不断。尽管中央政府先后采取了借黄行运、避黄保运、黄运分离等策略,但因黄河与运河关系密切,很多治理措施效果不明显,黄运之间的冲突贯穿于明、清两代数百年间。明正统时,黄河屡决东昌府、兖州府,冲决堤岸、村落,不但导致漕船受阻,南粮不能北达,而且对沿岸民众带来了巨大的灾难。明政府虽屡派重臣治理,但多无果而终。景泰四年(1453)命左佥都御史徐有贞负责治理张秋决河,他采用开支河分泄洪流、置大堰节制水源、疏浚河道使之畅通的方式解决了黄河决口问题,使黄运关系得以暂时稳定。弘治初年,黄河又多次决口于张秋镇,运河堤岸旋筑旋决,劳

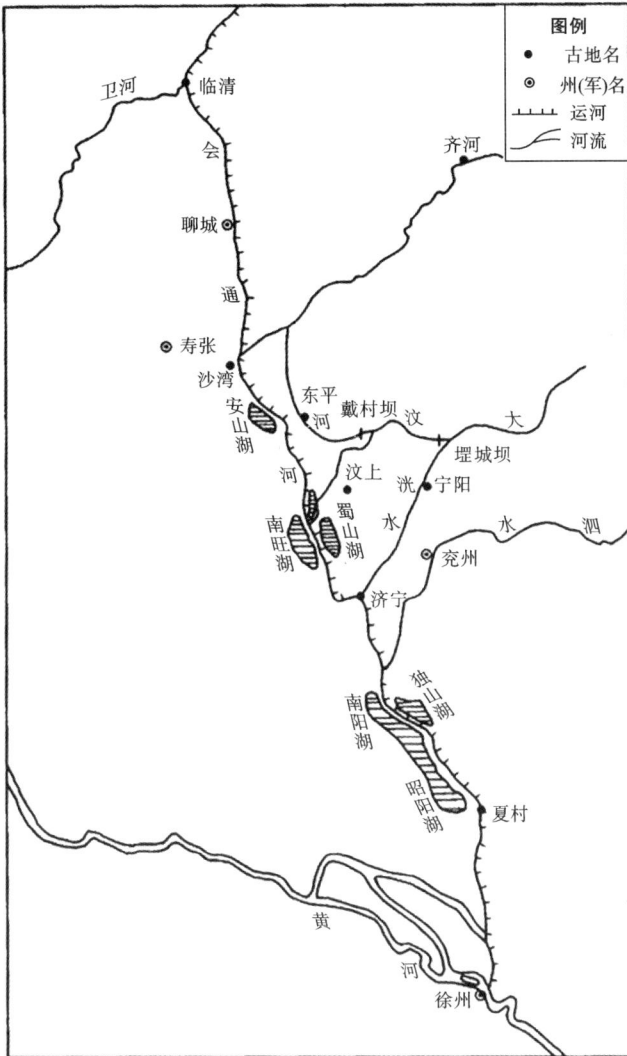

会通河示意图①

费无算而效果不佳。都察院副都御史刘大夏征调山东民夫数万人,在运河冲决处筑石固堤,加打木桩使之坚实,并于决口上游修建减水坝,分泄多余之水,同时征调民夫堵塞河南决口,在黄河北岸修筑防护大堤数百里。工程保障了黄河

---

① 《黄河水利史述要》编写组《黄河水利史述要》,黄河水利出版社 2003 年版,第 296 页。收入时有改动。

数十年的安澜,漕船通行效率提高。

明中期后黄河泛滥于济宁至徐州之间,运道受阻,漕船难行,特别是济宁至鱼台之间淤塞严重。嘉靖五年(1526)黄河决口于沛县,冲运河入昭阳湖,其后又多次决口于曹县、单县等地,导致漕船受阻,运河淤塞。在此情形下,左都御史胡世宁奏请开凿南阳新河,将运道东移至高阜之处,利用湖泊接纳黄河多余之水,减轻对运道的冲击。两年后,明政府派遣总理河道都御史盛应期负责开河工程。他征集山东民夫数万人开挖北自南阳镇,经夏镇,南至沛县东南留城的长70余千米的运河。在开挖过程中,因遇干旱,工程进度缓慢,加之朝廷之中因新河之议而矛盾重重,嘉靖帝命工程停止,并将盛应期撤职法办,南阳新河开凿半途而废。30余年后,随着黄运关系进一步恶化,重新开凿南阳新河被提上了日程。在工部尚书兼右副都御史、总理河漕朱衡的坚持下,明政府决意重开新河。他通过实地调查,认为盛应期所开旧道可以重新疏浚,于是组织民工9万人进行施工。新河成后称南阳新河或夏镇新河。相较于旧运道,新河自南阳闸引水,经夏镇、沛县、留城与旧运道相接,同时将留城至境山旧运河数十里,一并归于新河,南至徐州与黄河汇流。同时为保障水源,新河一线设置船闸10余座,以调控运道,使漕船平稳航行。南阳新河开凿后,不但大大增加了漕粮运输量,提高了运输效率,而且减轻了黄河对运河的危害,缩短了借黄行运的距离。

南阳新河虽已开凿,但留城以南运河仍须借黄行运。隆庆三年(1569)黄河再决于沛县,漕船2000余艘阻于邳州而无法北上,总理河道翁大立提议开泇河以避吕梁洪、徐州洪之险。泇河为自然河道,有东、西二泇:东出费县,西出峄县,至江苏邳州合流,南至泇口集入运河。通过对泇河进行疏导,可以开辟为新运河,减轻行黄的压力与危险,但该建议因黄患暂息,漕运暂通而被朝臣所阻,无果而终。万历三年(1575)黄患日趋严重,总理河道傅希挚重提开泇河之议,使黄运分离,但又因反对者众多而作罢。万历二十一年(1593)因汶、泗诸水暴涨,加之黄河之水倒灌,会通河决堤100余千米,总理河道舒应龙打算开渠疏放昭阳等湖多余之水,以免金乡、鱼台等县受灾,同时防止运河再决。万历二十二年(1594)正月,他在勘查实际情况的基础上,开韩庄运河,"以泄潴水,使不病漕"。韩庄运河自彭庄至彭河,长6600余丈,计20余千米,筑堤28千米,高1米、阔3米,渠口创建石闸,根据河中水量以蓄泄。工程用夫1万余人,用时4

个月,用费 33 000 余两白银。韩庄运河开通后,虽将茶城以北诸湖之水泄至彭河、泇河,但并不能通漕运。万历二十七年(1599)总理河道刘东星继续前人未竟之业,对泇河进行整理。他于台儿庄、侯家湾、良城等高阜之处开凿河道,并于微山湖旁开河 22 千米。刘东星去世,工程中途停工,但此时漕船借道泇河者已有 3/10。万历三十年(1602)总理河道李化龙建议大开泇河,以避黄患,由沛县夏镇东泇口引水东南会彭河,经韩庄,过泇口镇合泇、沂诸水,南下邳河口入黄河。这条长 130 余千米的泇运河支道避开了徐州二洪之险,而且水源充足。后总理河道曹时聘又继续完善泇河运道,漕船基本全行泇运河。泇运河成功开凿后,借黄行运的河段只有邳州至淮安这一区域,较以前大为缩短。漕船航行于南阳新河、泇运河中,不但安全性大增,而且受黄河影响减轻,漕粮运输效率大增。泇运河自总河翁大立首开之议,历舒应龙、刘东星、李化龙,至曹时聘彻底完工,历 5 任总理河道,长达 35 年之久,充分体现了他们前仆后继、无所畏惧的精神。正如清代河道总督靳辅所言,"有明一代治河,莫善于泇河之绩",充分体现了这一工程的重要性。

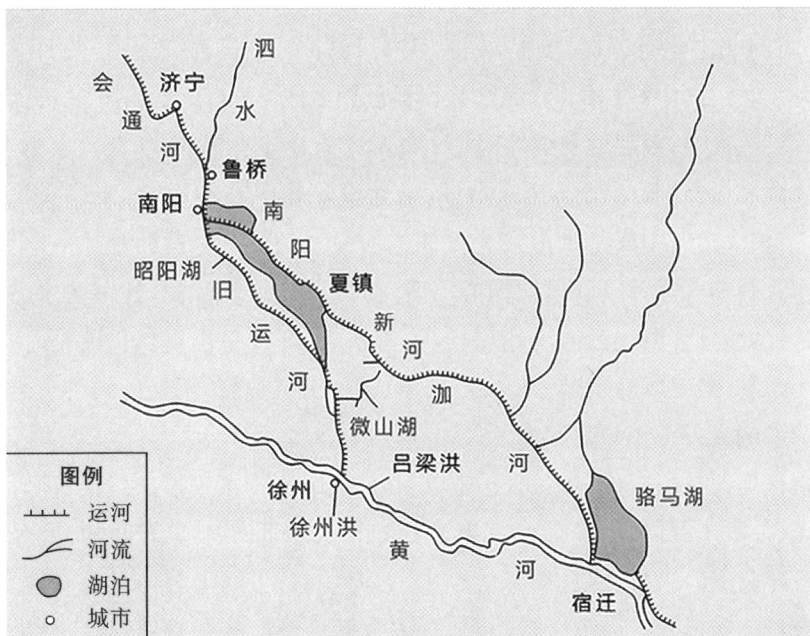

南阳新河和泇河示意图(汶上县干部政德教育中心　绘制)

二、清代大运河的治理与衰落

清代继续使用京杭大运河，并且进一步完善河政管理制度，分置三河督。其中，河东河道总督驻济宁，管理山东、河南境内的黄河、运河；江南河道总督驻淮安，管理江苏、浙江境内的淮河、运河、江防工程；直隶河道总督驻天津，管理河北、天津及京畿附近的运河、永定河、子牙河等。清代对黄河、淮河、运河的治理非常重视，不但设置专官管辖，而且每年投入大量的费用予以整顿。不过随着黄河频繁决口，黄运矛盾日趋尖锐。咸丰五年（1855）黄河在河南铜瓦厢决口，冲断运河，从山东入海，传统漕运一蹶不振。加之海运、铁路兴起，河政、漕运机构相继裁撤，大运河在清代趋向没落。

明代虽开南阳新河、泇河，但邳州至淮安段仍须借黄行运。漕船行驶于黄河之中，经常遭遇风浪侵袭，造成船只倾覆、运丁溺亡、漕粮漂损。在此情况下，康熙二十五年（1686）为避开该段黄河之险，使运河与黄河彻底分离，河道总督靳辅主持开挖了中运河。河道北起山东台儿庄与江苏邳州交界处，与韩庄运河相接，南至淮安杨庄与里运河相通，长160余千米。为防止黄河泛滥冲决中运河，于黄河北岸建有遥堤、缕堤，对运河进行保护。中运河开通后，船只基本不再行驶于黄河之中，避开了黄河之险，自元代以来借黄行运数百年的局面得以改观，漕船、民船、商船的安全性得到了保障，"有功于运道民生，至大且远"。中运河主要靠微山湖、骆马湖补充水源，沿途设置船闸节制水量，使船只稳定航行，在京杭大运河中属于水量较为充沛的河段。靳辅开中运河并非一帆风顺，多次遭人弹劾，宦海浮沉，但他初心不改，努力积累治水经验，任用治水名人陈潢为幕僚，整日奔波于治河工地现场，不避寒暑，即便身患重疾仍废寝忘食，关心河工水利，最终以身殉国。他实心任事、不避劳怨、百折不挠的精神充分体现了治河者的大公无私与爱国为民，并一直影响着后世的治水者。

清代运河延续至咸丰年间，已难以为继，当时不但黄河屡决运河，而且在国困民乏、外敌入侵的局面下，国家财政已难以应付每年上千万两的治河经费。咸丰五年（1855）六月，因夏季降雨集中，黄河暴涨，于河南兰阳县铜瓦厢决口，洪水淹没河南、河北、山东大量州县，分成数股后至山东张秋镇穿运，由大清河入海，对清末河政造成了巨大影响。铜瓦厢决口是自南宋末年黄河夺淮入海后又一次大规模改道，其间相隔661年。决口发生后，因正值太平天国与捻军起义,清廷无暇顾及,只能暂缓堵筑。随着传统漕运的不断衰落,咸丰十年(1860)裁撤江南河道总督及所属河官。光绪二十七年(1901)漕粮折银后,运河停运;第二年裁撤河东河道总督,山东河务归山东巡抚兼理。光绪三十年(1904)正式裁撤漕运总督,漕运废止,自秦王朝以来延续2000余年的运河漕运告别历史舞台。

第二章　运河水工科技

京杭大运河地跨北京、天津、河北、山东、江苏、浙江 6 省(市),连通海河、黄河、淮河、长江和钱塘江五大水系,展现了农耕文明时代人工水运发展的辉煌历史,堪称世界运河史上的奇迹。运河的开凿、维护与使用,离不开水工科技的有力支撑,完善的水利体系和宏大的水利工程是运河水工科技的集中展现。历代治河官员与水利专家在不同的水源和地形地质条件下,因地制宜,巧妙设计,完成了各具特色的高水平水利工程,综合解决了汇水、引水、节水、行船、防洪等水利难题,构建了贯通南北、连通全国的交通网络,代表着中国传统水利工程技术的最高水平,集中体现了中华民族的勤劳和智慧。

在数量众多、类型多样的运河水利工程中,运河闸群工程、南北运河减河工程、南旺分水枢纽工程、引泉济运工程、清口枢纽工程等,以其多样性、复杂性和系统性,体现了具有东方文明特点的工程技术体系,代表着工业革命以前土木工程的杰出成就。会通河沿线节节修建河闸,实现阶梯蓄水与通航;汶上南旺分水枢纽工程利用人工河坝,截蓄汶水,接济山东运河水源;运河减河实现了运河分洪的合理调度,避免了运河决口,保障了漕运安全;淮安清口工程拦蓄了当时世界上最大的水库——洪泽湖,综合解决了蓄水、供水、冲沙、分水、防洪等多项水利要求,在中华文明发展的宏伟历程中,写下了浓墨重彩的一笔。

第一节　闸群工程

京杭大运河贯通南北,地形地貌及气候降水差别很大。为节蓄水源,维持水位,保证运河漕运畅通,历代水利专家和劳动人民在通惠河和会通河上修建了大量河闸,"闸群"成为运河的重要特色。山东境内的会通河更是因闸坝林立而被誉为"闸河"。河闸的设计、建造与使用,集中体现了我国古代劳动人民的勤劳和智慧。目前,还有相当部分船闸经历了数百年风雨的洗礼,依然屹立于运河之上,见证着帆樯如林的繁华,浸润着中华民族的智慧,成为一座座民族精神与中华文化的历史丰碑。

一、通惠河闸群

通惠河是京杭大运河最北的一段。元代通惠河北起北京积水潭,南至通州。明代通惠河北端移至大通桥(今北京东城东便门外),现存河道自东城区东便门向东经过乐家花园、高碑店、普济闸、八里桥、通惠闸,至通州区北关闸,长约 21 千米。

元代建都于大都(今北京)后,至元二十八年(1291),郭守敬提出了通惠河开凿规划:从昌平县白浮村引神山泉,向西南经过双塔、榆河、一亩、玉泉等泉,从西门进入大都城,汇为积水潭,从文明门(大都城东门,在今崇文门北)东流至通州高丽庄,汇入白河。郭守敬计划修建水闸 20 座,提出了建闸节水以通运的水利思路,得到了元世祖忽必烈的认可。至元二十九年(1292),郭守敬主持了通惠河开凿工程。什刹海以上主要是通惠河水源工程,包括引泉、输水和蓄水调节三部分。将北京西北温榆河上游的泉水引入瓮山泊(今颐和园昆明湖),再引入积水潭及城内各海子,形成了包括今北海、中南海在内的北京诸海,以供给通惠河水源。

北京西城地面高程约 30 米,通州为 10 至 15 米,地面纵比降达到 1‰。郭守敬在通惠河上设置连续节制闸,成功解决了地形高差对逆行船只的影响,同时有效节蓄了通惠河水源,并维持稳定的通航水深。通惠河上的闸均为复闸,一般为两闸,亦有三闸,共设有 11 处 24 闸,分别为广源闸、西城闸(后改为会川闸)、朝宗闸、海子闸(后改为澄清闸)、文明闸、魏村闸(后改为惠和闸)、籍东闸(后改为庆丰闸)、郊亭闸(后改为平津闸)、杨尹闸(后改为普济闸)、通州闸(后改为通流闸)、河门(后改为广利闸)。其中,海子闸和郊亭闸为上、中、下三闸,其余各为上、下闸。每闸上下距离为500至1000米,最大距离约2500米。

元代通惠河闸群一览表

闸名	位置	间距	备注
广源上闸	今紫竹院公园西,万寿寺东70米	1000米	
广源下闸	今首都体育馆西白石桥旁		
西城上闸	今西直门外高梁桥下西侧		元贞元年(1295)改为会川闸
西城下闸	护城河东岸,北水门西侧高梁河上		
朝宗上闸	万亿库南,和义门北水门东	约200米	
朝宗下闸	海子以西		
海子上闸	后门桥西侧	约540米	元贞元年改为澄清闸
海子中闸	今东不压桥胡同南口		
海子下闸	今北河胡同东头	约500米	
文明上闸	今正义路北口东南		
文明下闸	今台基厂二条胡同中间		
魏村上闸	今船板胡同东部		元贞元年改为惠和闸
魏村下闸	今北京站东南		
籍东上闸	今东便门外庆丰闸遗址	约1800米	元贞元年改为庆丰闸
籍东下闸	今北京深沟村附近		
郊亭上闸	今高碑店闸	约2500米	元贞元年改为平津闸
郊亭中闸	不详		
郊亭下闸	今北京花园闸社区		
杨尹上闸	今普济闸村	约1800米	元贞元年改为普济闸,遗址尚存
杨尹下闸	今老龙背村东		

（续表）

闸名	位置	间距	备注
通州上闸	今通州新华大街与人民路交叉口附近		元贞元年改为通流闸
通州下闸	今通州南门外		
河门上闸	今张家湾城北1千米，土桥村附近		元贞元年改为广利闸
河门下闸	今张家湾东南何各庄东		

　　通惠河闸始建时闸座为木材，20多年后被水浸坏，漏水严重。至大时（1308—1311），改用砖石砌筑。后来通惠河上的节制闸陆续改为石闸。各闸配合启闭，保证了漕船的正常通行。

　　明代会通河起岸码头改在大通桥（今东便门外）。成化十一年（1475），平江伯陈锐修治通惠河，次年完工。嘉靖七年（1528），吴仲主持改建通惠河各闸。清代续有整修，在漕粮运输方面发挥了一定作用。由于明代后期通惠河水源日益减少，16—19世纪时，通惠河上仅有5闸仍在运用，而且闸不再开启，只具有节水和蓄水功能。

二、会通河闸群

　　会通河北起山东临清，与南运河相接，南至山东枣庄连接中运河，全长350千米。会通河纵贯黄河中游冲积扇及山东丘陵西缘，穿越运河地势最高的山东地垒，是地形高差最大的河段，也是京杭大运河的关键河段。会通河的地势以山东济宁南旺镇为最高。地面高程约43米，分别向南北两方倾斜，地形纵坡降在2‰左右。

　　元代的会通河闸群一为引水闸，一为节制闸，通过闸门启闭平水和蓄水，维持水道通航的起码水深。元代前期会通河节制闸主要在济宁以北至临清，逐步增加至31座。明代因会通河上连续设置节制闸，因此称之为"闸漕"或"闸河"。明初永乐九年（1411）重修会通河时，修复或改造了元代水道上的节制闸。宣德、成化时，在会通河南端济宁至黄河段陆续修建新闸，在会通河分水岭汶上南旺分水口修建南北闸，形成了以南旺分水闸为最高点的工程体系，"闸河"真正形成。会通河节制闸因修整及通航之需时有变化，今据王琼《漕河图志》及《明会典》整理成明代中期会通河节制闸一览表。

明代中期会通河节制闸一览表

序号	位置	闸名	数量
1	山东临清	会通闸、临清闸、板闸、新开上闸	4
2	山东清平	戴家湾闸	1
3	山东堂邑	土桥闸、梁家乡闸	2
4	山东聊城	通济桥闸、李海务闸、周家店闸	3
5	山东阳谷	七级下闸、七级上闸、阿城下闸、阿城上闸、荆门下闸、荆门上闸	6
6	山东东平	戴家庙闸、安山闸、靳家口闸	3
7	山东汶上	袁家口闸、开河闸、南往北闸（十里闸）、南旺南闸（柳林闸）、寺前闸	5
8	山东济宁	分水闸（上闸）、天井闸（中闸）、在城闸（下闸）、赵村闸、石佛闸、新店闸、新闸、仲家浅闸、师家庄闸、鲁桥闸、枣林闸	11
9	山东鱼台	南阳闸、八里湾闸、孟阳泊闸	3
10	江苏沛县	湖陵城闸、沽头上闸（隘船闸）、沽头中闸、沽头下闸、谢沟闸	5
11	江苏徐州	新兴闸、黄家闸	2

京杭大运河临清段

临清闸

柳林闸

三、运河闸工科技

水闸是对水流实施控制的水工建筑。水闸的出现,是古代水工技术发展的重要标志之一。运河闸在制式上较为统一,今以通惠河上的庆丰闸为例,加以说明。此闸自元至清都是条石浆砌的石闸。整个闸座大体可分为闸墙、基础、闸门板和启闭闸门板等部分。闸座的闸口宽 6.4 米,高 6.35 米。两岸闸墙(又称金刚墙)为条石浆砌,长 13.5 米。闸墙中间自上而下设有安放闸门板的凹槽(又称闸槽、挡口)。闸墙上游两侧有浆砌"八"字翼墙,称迎水雁翅,长 12.5 米;下游翼墙称分水燕尾。基础部分最下方有木桩(又称地丁桩);其上有三合土夯筑层,层厚约 15 厘米;三合土之上铺满砌石板。闸门板由 13 块叠梁木叠置而成,每块闸门板尺寸为 6.5 米×0.3 米×0.3 米。板侧两端各有供起吊闸门板的铁质板环。闸座启闭设备称绞关石,两岸左右各一座,共 4 座。绞关石中间有圆孔,孔中横插绞关轴,有木制或铁制两种,是固定式滑轮轴。启闭绳索通过滑轮轴,经由人力或畜力拉动。

通惠河闸以复闸为主,多数为上、下闸,部分为上、中、下闸。复闸的优势在于双门船闸之间形成一个闸室,三门之间有两个闸室。与单闸相比,复闸有着显著的优越性。首先,单闸一般相距较远,开闸过船时,两闸之间河段所蓄河水会大量流失。而复闸所损失的水量主要是距离百米上下的两个闸门之间的河水,能够大幅节省水量,对于缺乏水资源和地形落差较大的河段来说,具有更高的效率。其次,若只设一座单闸,上下游水位差全部集中在此一处,开闸时水流湍急,对船只安全不利。而有上、下闸的复闸通过两座闸门调节闸室内水位上下,可以达到船只平顺过闸的效果;若是三门两闸室,还可将原来上下游较大的水位差分解为两级落差,船只通过也就更加平稳了。

通惠河闸群在元代即已完备,部分船闸在明清时期仍在使用。这些船闸体现了设计者"惜水如金"的设计理念和"节水行舟"的原则。通过连续节制闸,有效节制了水流,尽可能地利用有限的水源,为漕船自通州重船上行解决了地形高差的阻碍问题,显示出高超的水利技术。

会通河特有中间高、南北低的地形条件和相对薄弱的水源条件,决定了必须通过河闸设施维持航道的水深。会通河节制闸的形制相对统一。《元史·河渠志》记载临清会通闸形制称:"闸头长一百尺,阔八十尺,两直身各长四十尺,两雁翅各斜长三十尺,高二丈,闸空阔二丈。"除节制闸外,会通河还建有隘船闸,"闸空阔九尺,长广同上"①。隘船闸设在隘口处,限制船只尺寸,闸口要比节制闸窄得多。运河闸由闸墩、翼墙、闸门和启闭闸门的绞关组成,闸墩和翼墙均为条石砌筑,闸身上设闸槽,闸门为叠梁式木板闸门。

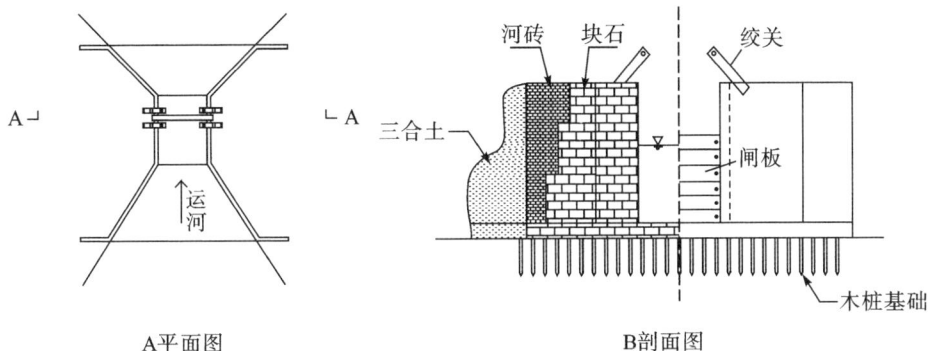

A平面图   B剖面图

河闸的形制②

会通河闸都是单闸和复闸(即二级闸)。二闸之间作为大闸厢,递互启闭,既可容纳较多船只,又可调节水位,节约用水,实现了梯级化渠道,改善了通航条件。船只过闸要求该闸上下游相邻闸门都关闭。启闭指令通过令牌传递。每次过闸,船只必须结队编组,不准单船航行,以减少启闭次数。各种船只过闸有一定顺序,保证通航的效率。漕运繁忙期间,行船顺序是漕船、贡船、官船、民船。

第二节 减水工程

北运河北与通惠河相接,南接南运河,是京杭大运河北部的重要河段。北运河始自北京通州北关节制闸,向东南流经河北省香河县,至西王庄进入天津市武清县,经筐儿港、屈家店水利枢纽,至天津市静海县三岔河口入海河,全长

---

① 宋濂等《元史·河渠志》,中华书局1976年版,第1609页。
② 谭徐明等著《中国大运河文化遗产保护技术基础》,科学出版社2013年版,第80页。

148 千米。这段河道在西汉之前称为沽水,在东汉至东晋称为潞水,在元代称为白河。顺治九年(1652)设北运分司,此后多称为北运河。南运河主要利用卫河河道,其北端在天津市静海县三岔河口与北运河相连,自北向南经过河北省青县、沧州、泊头、东光,山东省德州市,至山东省临清枢纽与会通河相接,河道纵比降为 0.03‰。南运河在山东临清以上的河段称为卫河。北方运河受季节影响,降水不均,特别是夏季运河来水存在较大起伏。在遭遇洪水时,就需要通过科学合理地开挖减河,实施减水工程,避免运河决堤,保障漕运畅通。

一、北运河减河及水工技术

北运河流域上游为山区或丘陵区,属燕山山系;中下游为平原,大部分为易涝区。北运河流域属大陆性季风气候区,降水集中在 6 至 9 月。北运河水源各河上游流经山地,水流湍急,挟沙量大。在汛期山洪爆发,容易造成运河漫口决口。为减少汛期洪水对运河的冲击和影响,清代在北运河各险工修建减水坝,并开凿筐儿港、河西务、青龙湾等减河,减水分流,多途入海,保障运河安全。

(1)筐儿港减河。从武清区筐儿港北运河左岸开渠东流,南折朱家码头、梅场、郭家台、蔡家庄、杨家河入境,经韩盛庄入麦子淀,经宁河县入海。此河开凿于康熙四十三年(1704),保障了杨村上下百余里河平堤固,在雍正、乾隆各朝续有完善。

(2)青龙湾减河。筐儿港上游河西务一带为运河险工,要儿渡更是频频决口。雍正八年(1730),在北运河上游土门楼村北修建减水石坝,并开凿青龙湾减河,经香河县土门楼村,又经香河、武清宝坻,入潮白新河。

北运河主要通过弯道和减水坝延缓水道纵比降,并控制水位,发挥减河行洪功能。在水工技术方面,北运河减水坝大多设置在运河与天然河道交汇处,减水坝以下为减河。分出的洪水或进入永定河下游的淀泊,或东流入渤海。减水坝有效减少了运河决堤的风险。乾隆十四年(1749),直隶总督方观承认为,开挖减河"既可以保两运堤工,而于三岔口一带又有釜底抽薪之益"(潘锡恩《畿辅水利四案·四案》),对保证北运河顺利通航发挥了重要作用。

二、南运河减河及水工技术

南运河在卫河基础上整修改造而成,是海河南系的干流,上游有含沙量较高的漳河、滹沱河汇入,且水量丰枯变化巨大。这给南运河航运造成了较大困难。为满足汛期南运河干流行洪需要,保障漕运畅通,自明代起,先后在南运河险工处开凿了四女寺、哨马营、捷地、兴济、马厂等减河,并在减河与运河相交的口门设置减水坝。南运河通过减水坝分洪,经减河东排入海。哨马营减河与四女寺减河为开凿较早、使用时间较长的减河,颇具代表性。

(1)哨马营减河。哨马营位于德州城西北6千米闸子村附近南运河右岸。雍正十一年(1733)夏,卫河水涨,在哨马营等地漫决,次年复决。雍正十三年(1735),为保障运河航运,完成了哨马营减水闸及减河工程。减水闸长40米,后屡经延长至100米,坝脊比河底高5米,中建矶心12座,两岸遥堤相距300米,并筑堤束溜。乾隆十四年(1749),因泄水不畅,将坝顶高程降低约0.7米,高于河底4.6米。哨马营减河长6000米,后汇入四女寺减河。

(2)四女寺减河。四女寺位于山东省武城县。四女寺减河挑挖于永乐十年(1412),泄运河洪水入老黄河故道,至大沽河口入海。白昂、刘天和先后于弘治三年(1490)、嘉靖十四年(1535)重修。清康熙四十四年(1705),重建四女寺减水闸,但不久淤废。雍正八年(1730),将原减水闸改建为滚水坝,宽26米,坝脊高于河底3.6米。乾隆二十七年(1726),因泄水不畅,将坝加宽13米,落低0.5米,次年又加宽40米。

南运河减河节制水量的主要工程设施为坝式减水闸,设置在运河右岸,为砌石结构的多孔水闸。当运河水位过高时,开闸排泄运河洪水,保证运河防洪安全。减水闸的闸底抬高为堰,堰顶高程一般略高于重载漕船航行所需的运河水位。由于在一定水位落差的条件下泄洪,且过流量较大,上下游的一定区域内需要对基础进行处理,因此一般有护坦、海漫等铺砌石及三合土、关石柱等结构。减水闸大部分多孔,各闸孔之间的闸墩称作矶心。闸的主体为石砌,与堤防、地基的衔接部位一般使用砖工、夯土、三合土、木桩等材料建造,过水的表面砌石一般采用铁锭加固。南运河减水闸的形制类似,现以哨马营减水闸为例,加以说明。据文献记载,哨马营减水闸为12矶心(13孔),全长约100米;底高程比南运河河底高约5.3米。根据古代水工结构的文献描述及对遗址处的考察,复原其工程结构如图所示。

在闸的上下游有用于地基加固的关土桩和关石桩。闸两端有雁翅(即翼墙)和裹头,连接砌石坝体与土质河堤,平顺水流,减少水流冲刷。闸室由12矶

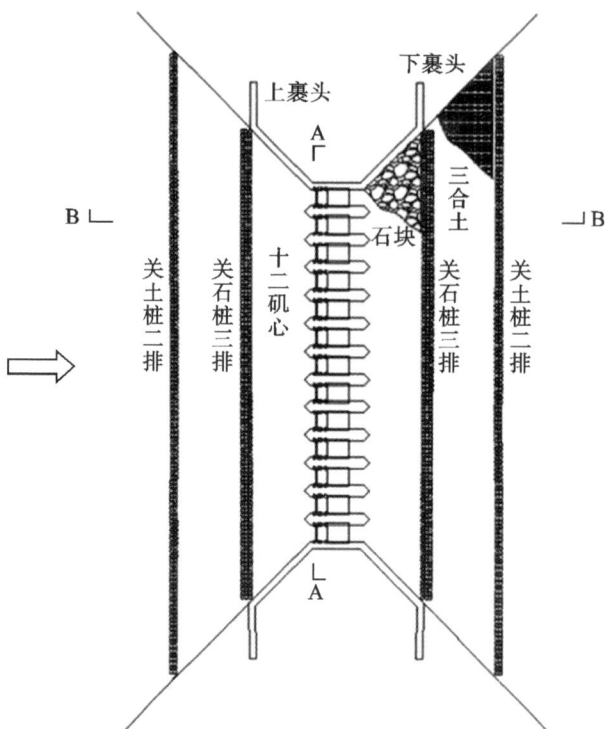

减水闸的形制①

心分为 13 孔。上游坡称迎水;下游坡为跌水,坡度较上游为缓,与现代的护坦、海漫类似。迎水面水深大,流速慢;跌水面用于消能防冲。因此,迎水面比跌水面长。矶心为梭形,上有闸槽,一般安装木板叠梁闸门。门槽上方设有绞关,是闸板启放的机械辅助设施。矶心之间一般搭有木板桥。边墩材料分三合土、砖工、砌石三个层次,由土质堤防向石质闸体逐渐过渡,中墩全部为砌石结构。

第三节　分水工程

　　运河分水工程代表了京杭大运河水工科技的最高水平。山东境内的京杭大运河地势中间高,两端低。南旺为运河海拔最高处,被称为"水脊"。中国古

────────────

① 谭徐明等著《中国大运河文化遗产保护技术基础》,科学出版社 2013 年版,第 82 页。

代的水利工程专家和沿岸无数勤劳的人民集思广益,科学设置运河分水工程,实现了运河水源的稳定补给,创造了中国乃至世界古代水利史上的奇迹。

　　南旺分水枢纽工程是明代中叶以后会通河的引水分水枢纽,它由戴村坝—小汶河工程、南旺分水口工程、南旺水柜工程、南旺引泉济运工程和南旺挑河工程构成。永乐九年(1411),宋礼重开会通河时,在恢复元代济宁枢纽的基础上,创建了南旺枢纽作为补充。成化时成书的《漕河图志》记述戴村坝称:"用汶上老人白英计,于东平州东六十里戴村旧汶河口筑坝,遏汶水西南流,由黑马沟至汶上县鹅河口入漕河。"①其中黑马沟到鹅河口的一段即今日之小汶河。南旺枢纽通过修建戴村坝,阻拦大汶河水由小汶河至"水脊"南旺入运,南北分流,为会通河带来了稳定的水源。明代中叶以后又通过完善水柜和节制闸等方式,不断提高引水、蓄水、用水效率,为保障会通河的长期畅通做出了巨大贡献。南旺枢纽是为了解决大运河跨越"水脊"难题而建设的大型综合性水利水运枢纽,是大运河上最具科技价值的节点之一。在南旺分水口,曾建有气势恢宏、建筑精美的分水龙王庙。目前庙宇遗迹已经得到妥善的保护。

一、戴村坝—小汶河工程

　　戴村坝—小汶河工程始建于永乐九年(1411),戴村坝的作用是拦截汶水西流,引汶水南流由小汶河入南旺,接济运道。戴村坝是土坝,年年冲毁,年年重修,十分繁累。天顺以后植柳增培,坝身渐稳,不再倾颓。由于伏秋汶河水大,西受戴村坝阻遏,而小汶河河道狭窄迂曲,不能容纳,洪水遂从戴村坝以东数里冲毁坎河口西岸,重回故道入海。积年冲刷之下,坎河口西岸缺口越冲越大,大量汶水由此西流,南流入小汶河的水量减少,威胁南旺运河安全。

　　万历元年(1573),万恭在坎河口筑乱石滩,长、宽各 500 米,既能阻遏泄水,又能使流沙不致淤积。万历十七年(1589),潘季驯把石滩改为石坝,清人称之为玲珑坝。坝面宽 5 米,底宽 5.8 米,深入土 1.3 米,出土 1 米。万历二十一年(1593),舒应龙又在玲珑坝西筑滚水坝,中留石滩泄水,名为乱石坝。至此,坎河口形成玲珑坝、乱石坝、滚水坝三坝相连的规制,后世称此坝为戴村坝,而原来宋礼所建的戴村坝则成为了官堤。

---

① 　王琼《漕河图志》卷二,水利水电出版社 1996 年版,第 112 页。

戴村坝

清雍正、乾隆年间多次重修戴村坝,并修改坝的高度。道光二年(1822),琦善增筑三合土坝,以防汶水冲击玲珑等三坝。光绪三十年(1904),周馥改建连接三坝和三合土坝的太皇堤(又名窦公堤)。1933 年,张鸿烈、孔令溶进行了大规模修整,将北部三合土坝命名为灰土坝,中部为太皇堤,南部原玲珑、乱石、滚水三坝统称滚水坝,全坝总称戴村坝。

小汶河原是大汶河行洪岔道之一。永乐九年(1411),宋礼利用小汶河(时称沙河)故道加以开浚,遂成为戴村、南旺间的引水渠道,在引汶河水济运方面发挥了重要作用。

二、南旺上、下闸和南旺水柜工程

宋礼创建南旺枢纽时,将汶水直接引入马常泊(南旺湖前身)接济湖中运道,夏秋雨潦湖涨,南旺湖水溢入运河济运,当时并无分水口的建设。明代前期堽城坝屡屡失败,戴村坝和南旺分水的地位不断提高。成化十年(1474),朝廷放弃堽城坝,治河重心转移到戴村南旺一线。成化十七年(1481),杨恭建造柳林闸(南旺上闸)、十里闸(南旺下闸),实现了对汶水精确可控的南北分流,戴村南旺枢纽真正成为会通河的核心。与此同时,运河不断淤高,南旺西湖湖水无法济运,遂创设减水闸,专为排泄运河洪水之用;南旺东湖(蜀山湖、马踏湖)则因汶水泥沙的淤积而增高,成为最重要的水柜。

　　南旺分水是南旺上、下闸启闭控制和南旺湖蓄泄控制一起构成的。永乐时,宋礼即以马常泊(南旺湖前身)为水柜,后来随着运堤改为石筑,南旺湖被分为南旺东湖和南旺西湖。随着小汶河泥沙在湖中的沉积,南旺东湖又被分隔为蜀山湖和马踏湖,二湖与南旺西湖(简称南旺湖)合称南旺三湖。成化年间,确定南旺分水地位后,南旺湖也得到了朝廷的重视。成化四年(1468),修筑南旺西湖石堤。弘治十五年(1502),规定凡盗决山东南旺湖堤岸及阻绝泰山等处泉源者,为首之人并遣从军,军人犯者徙于边卫。嘉靖六年(1527),修筑南旺湖新堤。嘉靖十四年(1535),刘天和修筑南旺湖堤 25 千米及减水闸。嘉靖二十年(1541)至二十二年(1543),王以旂修筑蜀山湖、南旺湖湖堤,重设水柜。这时南旺西湖湖堤上共有减水闸 18 座,史载名称者有关家大闸、常明、孙强、刘家(又称刘贤)、焦栾、济运、盛进、张全(又称张金)、邢通等。万历十六年(1588),潘季驯重修蜀山湖堤、修筑南旺湖东面子堤,总长 39 千米,并修复常明等 13 座减水闸。与此同时,蜀山湖建永泰、永安二闸(雍正六年又建永定闸),马踏湖建李家口、徐建口单闸。南旺三湖建设基本完成,此后多进行局部维修,未有大的改建。

南旺分水口素描

南旺三湖及上、下闸的运转机制颇为巧妙,集中体现了古人的智慧。①冬季回空漕船南下之后,在分水口以上、永泰斗门以下的小汶河上建筑土坝,拦截汶水,使汶水不再进入南旺塘河,而是通过永泰、永安、永定三闸入蜀山湖,通过李家口、徐建口二闸入马踏湖储蓄,同时开放运河西堤减水闸,放南旺塘河之水入南旺西湖。②南旺塘河放干之后,开始挑浚泥沙,运出河道,堆积在两岸空地或寄沙囊等处。③春季二月重运北上之前,完成南旺塘河挑浚工作。这时经过一冬的积蓄蜀山、马踏二湖存水达到定志要求,便可以拆除小汶河上的土坝,开放蜀山湖永泰、永安、永定三闸、马踏湖李家口、徐建口二闸,放湖水进入南旺塘河。④重运自台儿庄而来时,关闭南旺下闸(十里闸)和所有减水闸,只开放南旺上闸(柳林闸),放汶水南下铺满南旺、韩庄间运道。⑤当重运通过长沟之后,便可以开启南旺下闸(十里闸)铺水,并通过闸坝的启闭管理,以备重运继续北进。

三、南旺挑河工程

山东丘陵开发时间较早,宋元时植被已经遭到严重破坏,因此发源于丘陵西麓的汶、泗等河含沙量都很高。汶河泥沙给堽城坝、戴村坝、洸河、小汶河等带来严重问题,尤其是南旺上、下闸建成后,两闸之间的塘河淤积甚为严重。《北河纪》称:"故老相传,成化间戴村坝以下河道犹未淤满,意者开导未久尔,近则沙淤直至南旺河,皆平满矣。"①张伯行说:"(汶河)至南旺则地势平洋,而又有二闸横栏,故泥沙尽淤,比他处独高,每水涨一次,则淤高一尺,积一年则高数尺,二年不挑则河身尽填。"②因此每年回空漕船南下之后,都要在分水口小汶河上游筑坝,拦截汶水入蜀山和马踏二湖,然后放干南旺塘河,进行泥沙挑浚工作。随着泥沙淤积的加速,挑河的频率也不断加快,从天顺年间三年一次,到弘治以后两年一次,再到万历以后三年两次。挑浚以挖到南旺上、下闸闸底为标准。挑出的泥沙先堆积在河道两岸,形成巨大的土山;后又开创寄沙囊,甚至利用南旺西湖以及永泰等三闸引渠来存储。南旺泥沙的挑浚堆积,推动了南旺分水口、小汶河、南旺塘河一带的不断淤高,改变了这里的地貌景观。中华人民共和国成立后经过土地平整运动,土山基本上不复存在。

---

① 谢肇淛《北河纪》卷七,万历四十二年(1614)刻本。

② 张伯行《居济一得》卷二,同治五年(1866)福州正谊书局刻本。

第四节　引水工程

　　山东境内的会通河地处北方,而汶、泗等河水量季节性变化大(夏、秋水大,冬、春水小),很不均衡。特别是春季、秋季漕船北上南下之时,山东降水较少,运河水源补给不足,水位下降,给漕船通航带来巨大困难。和山东西部运河区域水源缺乏相比,济宁东部山丘地区有稳定的大泉。该地区的寒武与奥陶纪碳岩地层分布较广,岩溶地貌相当发育,溶洞、溶岩沟均有所见。郦道元《水经注》就曾记载泗水上源地下有广如数间屋大的溶洞。这种岩溶地形,往往形成地表水渗漏,地下水储藏十分丰富。在地质条件允许的地方地下水流出,并形成水量相当稳定的大泉。山东运河的重要水源汶河和泗河的源头就是山东中部的泉水。为此,历代治河官员经过多方实地勘察,充分挖掘山东中部的泉水资源,采用"引泉济运"的办法,补给运河水源,显示出中国古代劳动人民的高超智慧。

　　山东济运泉源主要分布在汶河、泗河等河流上游,清代各泉散布于 17 州、县,分隶兖、泰二府。这些泉源广泛分布在新泰、莱芜等汶泗流域 16 个州县中。所有泉源可以分为五派。新泰、莱芜、泰安、肥城、东平、平阴、汶上、蒙阴西部、宁阳北部 9

五水济运图

州县的泉水,经由汶河、小汶河至南旺入运河,被称为分水派,实际上是增加了汶河的水量。这一派最为重要,在乾嘉年间有 261 泉。泗水、曲阜、滋阳、宁阳南部 4 县的泉源都经由泗河、洸府河至济宁天井闸入运河(明末改入马场湖),被称为天井派,实际上是增加了泗河的水量。这一派的重要性次于分水派,在乾嘉年间有 132 泉。邹城、济宁、金乡等州县的泉源,经由白马等河由独山等湖入运河,称为鲁桥派,乾嘉年间有 27 泉。滕县、峄县西部入南阳新河的是新河派,即沙河派。峄县东部、蒙阴东部入邳州伽河者是邳州派。乾嘉时沙河派和邳州派有 48 泉。

在引泉济运的泉源中,以泗水泉林最为著名,不仅数量多,而且泉的涌水量大,素有"山东诸泉之冠"的美誉。这里名泉遍地,泉多如林,水盛流多,澄清见底,大泉数十,名泉七十二,小泉多如牛毛。明代王宠《观泉亭记》记述泗水的泉水称:"山东之泉,或流出于石窦间,或隐见于沙土内,与天下泉不甚相悬也。至如崛起于深山之中,波涛萦回,如流烟之作阵,涌腾吼怒;如翻云之成堆,甫出而成川。不百步而为河,穷古至今澄清彻底,不以潦而盈,不以旱而涸,与历下之泉相等者,则惟泗水县陪尾山之泉为然也。"①

除泗水泉水众多外,汶上的泉源也十分有名,其中,最著名的为龙斗泉。龙斗泉出自汶上县东北 25 千米云尾村平地中,因为泉脉鼎沸,如两龙相斗,因而得名。龙斗泉东边有薛家沟泉、鸡爪泉。在往东约 1.5 千米,为泺澹泉,向南有赵家桥泉,都从土中涌出。龙斗泉与其他泉水汇合,流入汶河。此外,峄县的泉水也很多,大多因泉水的形态而得名。如珍珠泉状如喷珠,一锅泉状如鼎沸,一筛泉如簸扬之状,金花泉映日呈现出金碧的色彩,灰泉则稍沉浊,不像其他泉水一样清澈。

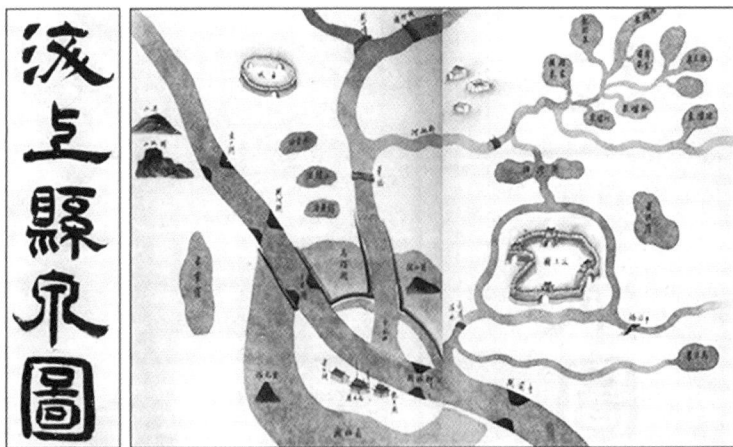

汶上县泉图

---

① 赵英祚修《光绪泗水县志》卷十五,光绪十八年(1892)刻本。

从上述记载中不难看出,山东汶上、泗水、峄县等地济运的泉源不仅数量多,而且水量较丰,流量稳定。如何利用和发挥泉源作用,在明清时期运河水量不足的情况下,倍受关注和重视。

为解决济宁段运河水量不足的问题,明代重开会通河后,便在抓好引泗汶济运工程的同时,把引泉济运的问题也作为大事来抓。

首先是搜集引导泉源。为了保障冬、春水量,自明代中期以后越来越重视泰沂山脉西麓泉源的搜集和引导。明代搜集泉源始于永乐十七年(1419)。其时,陈瑄命顾大奇遍历山川,疏浚泉源,以济漕运,但时间不长,正统四年(1439)疏浚工作就停止了。成化年间,南旺分水地位确定后,为增加南旺水源,又重新进行泉源疏浚的工作。成化十四年(1478)有泉源120多处。成化十六年(1480),都水司主事乔缙任管泉主事,此时汶、洸、沂、泗四水有泉170余处济运。他清理出湮塞的400余处泉、被侵占的200余处泉,共600余处泉汇于上述四水。此后,泉源数量时有增减。弘治六年(1496)有161处,嘉靖四十二年(1563)增加到244处,万历二十五年(1597)达到311处,乾隆四十年(1775)达到478处,道光十一年(1831)达到484处。

其次是管理疏浚泉源。山东泉水"五派"中的汶河派经由汶河西流,在汶上县境内南北分水。为保证运河水源,明代开始在汶上县增设水利管理机构,主要管理会通河及泉源等水利工程。这对引泉济运,确保漕运畅通发挥了一定作用。永乐十六年(1418),工部主事顾大奇在宁阳设置工部分司,管理泉源。宣德四年(1429),陈瑄请令官吏修浚徂徕等山泉源和停蓄水源之湖塘,以便济运。在顾大奇之后分司宁阳管泉的右通政王孜、郎中史鉴、主事侯晖等皆有成绩。正统四年(1439),裁宁阳分司,泉源缺官管理。正统六年(1441),漕运右参将都指挥金事汤节上奏称运河漕运不畅,请选官疏浚山东之徂徕、金沟等泉,此后在山东差主事二人疏导泉源。此后专官时有废置。后遂定例差主事一员,三年一任,负责疏浚泉源等事务,成为定制。弘治十三年(1500),各泉源均设立碑碣,以便管理。清代汶上县设有主簿,并在南旺设立都水司,专管运河工务。于乾隆四十六年(1781)改主簿为县丞,专司修防和管理河道,湖、河、闸、坝、泉均设有夫役,对建筑物进行修治,其中:十里闸设闸夫18人(由柳林闸官兼管);开河闸设闸官1人,闸夫26人;袁口闸设闸官1人,闸夫26人,专管启闭。到光绪二十八年(1902),上述官夫便全部撤销,其河务由当地州县兼管。

第五节 综合工程

清口枢纽工程是大运河沿线,同时也是中国古代最庞大、最复杂、投入最大的水利工程。这一京杭大运河沿线具有重要价值和巨大挑战的综合性水利工程,深刻地影响着运河南北漕运与流通全局。

一、淮安五坝与清江浦

邗沟与淮河交汇处,称为古末口。黄淮合流后,古末口淮河水位高、流速急,运河(邗沟)水位低,漕船很难从运河进入淮河。洪武初年,在淮安新城东北古末口修筑仁字坝,隔断运河和淮河。漕船到此,需要先把货物卸下来,空船盘过仁字坝进入淮河,再把货物装船。靖难之役后,南北运输任务加重,仁字坝盘坝效率低,漕船壅阻。永乐二年(1404),陈瑄在淮安新城东北仁字坝西建义字坝,又在新城西北建礼、智、信三坝,合称淮安五坝。此后,漕船由仁、义二坝盘坝入淮,商船由礼、智、信三坝盘坝入淮,解决了古末口拥堵的问题。

清江浦

　　但漕船由五坝盘坝入淮后,进入淮河湍急的山阳湾段,需要逆水行驶30千米,才能进入黄河运道北上,而山阳湾段水流湍急,漕船经常有沉溺之患。为了避开这一险段,陈瑄于永乐十三年(1415)自淮安城西管家湖开渠,引湖水循宋代沙河故道,至淮阴鸭陈口入淮河,这段长30千米的新运河被称为清江浦。又缘湖筑堤亘十里以为纤路,由城而西沿河置移风、清江、福兴、新庄(后称通济闸)四闸,以新庄闸为新运口。永乐十五年(1417),在移风闸东十里置板闸,是为清江浦五闸。此后漕船、鲜船经由清江浦五闸入淮河,转黄河北上;官民商船则仍由淮安五坝盘坝入淮。

清江闸

二、两岸筑堤,束水攻沙

　　明前期采取黄河分流济运之策。明中期以后因黄河经常北决,冲断张秋运河,阻断漕运,遂改行"北筑南疏"之策,即兴筑黄河北岸堤防,在黄河南岸开挖减河疏泄洪水。"北筑南疏"之策解决了张秋运河危机,但给淮北地区带来了水患,甚至威胁到了明祖陵的安全。在此形势下,万历时潘季驯等人提出"两岸筑堤,束水攻沙"的策略,即兴筑黄河南岸堤防,收缩黄河河道宽度,增加黄河洪水流速,冲刷更多的泥沙入海。"两岸筑堤"的实行,一度消除了黄河洪水对明祖陵的威胁,但也使得黄河全河之水都在清口与淮河相会,黄河水势大涨,淮河不能敌,于是有黄河倒灌淤塞淮河、运河的危险。为了解决这个难题,潘季驯又提出了"蓄清敌黄"的策略。

三、"蓄清敌黄"与泗州之沉

"蓄清敌黄"中的"清"指的是淮河,"蓄清敌黄"即通过修筑高家堰(高加堰)大坝,将淮河水积蓄起来,增加其水位压强,使其高过黄河,从而能够推动黄河入海。万历六年(1578),潘季驯修建长 35 千米、高 4 米的高家堰大坝。大坝建成后,坝西的诸多小湖汇而为一,形成了浩瀚的洪泽湖。在洪泽湖的助力下,淮河势力大增,成功地推动了大部分黄河泥沙入海,确保了漕运的畅通。但黄河泥沙并不能全部入海,剩余泥沙仍在慢慢淤高,这就迫使高家堰大堤要不断地加高,才能让淮河在这场斗争中占据优势。高家堰的不断加高,意味着洪泽湖水位的不断抬升,也意味着洪泽湖面积的不断扩大。洪泽湖淹没了大量土地。泛涨的湖水,再次威胁到泗州城和明祖陵的安全,引起朝野震动。潘季驯也因此罢官。

清代靳辅继承潘季驯"蓄清敌黄"的思想,继续加筑高家堰,对明祖陵和泗州城的威胁更大。但清廷并不关心明祖陵的安危。康熙十八年(1679),靳辅高家堰工程完工。完工后的高家堰长达 60 千米,高达 7 米,比明代高家堰规模增加了近一倍。高家堰完工的次年(1680),泗州城和明祖陵就被洪泽湖淹没了。

四、黄河海口的不断推进

靳辅高家堰大堤的修筑,确保了康、雍、乾 100 多年间的"淮强黄弱",大量黄河泥沙被淮水推进黄海。泥沙入海后,受海潮壅阻而淤积,开始了苏北高速造陆的进程。早在潘季驯时代黄河入海口已经出现沙塞的问题,当时入海口尚在云梯关附近。康熙四十年(1701)时入海口已经在云梯关东 100 千米开外。乾隆五十一年(1786),入海口距离云梯关已经有 150 余千米之遥。这三百里黄河泥沙不是人力能够疏浚的。入海口泥沙壅阻,黄河入海不畅,水流减缓,泥沙沉淀不断向上游扩展。到嘉庆时,清口已经出现黄淮相平甚至黄高于淮的现象。道光以后清口黄高于淮已经是常态。

五、淮水南下全入长江

江淮之间原本地势南高北低,邗沟河水由南向北流。黄河夺淮以后泥沙淤高淮河下游和运河北段,使江淮之间的流向发生逆转,变为自北向南流。明万历五年(1577),河决崔镇,清口淤垫,淮河不能东出,全淮南徙,高家堰大坏,淮、扬、高邮、宝应间皆为巨浸。一部分淮河水经高邮、宝应等湖入长江,是为首次淮河入长江。

潘季驯修筑高家堰大堤"蓄清敌黄"之后,洪泽湖水位大涨。由于受到黄河的壅阻,汛季洪泽湖水仍不能畅流出湖,部分湖水只能通过高家堰大堤上的滚水坝泄入运西诸湖。为了扩大运西诸湖的疏泄能力,万历二十三年(1595),疏浚了高邮湖和邵伯湖之间的茆塘港,又开金湾河使淮水经芒稻河入长江,这是人工疏通淮河水入长江的开始。在明代自洪泽湖高家堰东泄的淮河水大部分在高邮以北穿过运堤闸口以后,经苏北里下河地区入海,进入长江的只是小部分。

入清以后,河床淤积导致里运河北段大堤两侧临背差越来越大。若继续让运西湖水向东入黄河,势必破坏运河南北畅通。为此,康熙三十八年(1699),将原里运河北段运堤上的闸口均予堵闭,并规定归海坝仅在大水时才开放;在六闸以下建归江十坝,使归江河道扩大至五条。这样,就使汛期时分泄入运西诸湖的淮水由入海为主变为入江为主。此外,从 17 世纪末靳辅治河起实行分淮济运,使部分淮河水在枯季直接由运河入长江。咸丰元年(1851)洪泽湖高家堰大堤西南端的蒋坝附近决口,没有堵闭,此后淮河水全部由三河口经宝应湖、高邮湖、邵伯湖入长江。

六、黄强淮弱,灌塘济运

嘉庆道光时,常常黄强淮弱,黄河高于淮河,淮河无法推动黄河东出,黄河容易倒灌淮河、运河和洪泽湖。道光四年(1824)洪泽湖大堤漫决坍塌 35 余千米,水势旁泄南趋,湖中存水无几。两年后(1826),不得已试行"倒塘灌运"之法,又称"灌塘济运"。于临清堰以南建拦清土堰,将御黄坝外的钳口坝改成草闸,再于闸外两边建直堰,中筑拦堰,曰临黄堰。在临清堰和临黄堰之间形成一个可以容纳千艘船只的塘河,然后用水车抽取淮河清水入塘,当塘中清水高于塘外黄水 30 厘米以上,再启闸放船入黄河。"灌塘济运"的实施宣告了"蓄清敌黄"方略的失败。

次年(1827),改戽水位开临黄堰闸,引黄水入塘。黄水高于清水时,南来之船自临清堰口门入塘,堵闭临清堰,开临黄堰出船北上;北来船只反之而行。"灌塘济运"原理与现代船闸相同,以内塘为闸室,以临时坝为闸门,一次灌放需 8 至 10 日。此后的 30 年内,"灌塘济运"法几乎年年使用。咸丰五年(1855)河决铜瓦厢北徙入渤海,黄河夺淮 700 多年的历史宣告结束,里运河可直通中运河,已无渡黄问题,塘河遂废,清口衰败。

第三章　漕运制度

　　漕运是中国古代社会的一项特殊政治现象,有着悠久的历史。早在先秦时期就已有官方的水上运输活动,用以输送军队与粮草。其后随着人工运河开挖长度的不断延伸,分布地域的不断扩展,漕运的官方性、政治性、制度化日加完善,成为了古代国家巩固政权的重要策略。尽管早期的漕运活动多由国家与政府组织,但因此时漕运系统尚不健全,存在诸多的问题与缺陷,所以制度的运作并不顺畅,有着明显的弊病与不足。延续至明清时期,随着漕粮、漕船、漕政、漕法、漕丁、漕仓不同环节的具体化与管理的详细化,漕运形成了一个庞杂的系统,有着严格的管理制度与运作章程。漕运的不同组成部分既相对独立,同时又密切配合,共同维系着漕运系统的正常运转。

　　作为中国大运河文化重要组成部分的漕运文化,有着丰富的内涵,体现了我国古代社会政治、经济、文化的发展水平。它既是国家层面上社会运作模式的一种,有着相应的管理体制、功能作用、表现方式,同时又与基层社会民众有着千丝万缕的联系。无论是漕粮征收、交兑、运输,还是管理、入仓、发粜,都是古代国家控制社会的手段与措施,是与当时的社会现实相符合的。通过对漕运文化的研究,我们可以更好地了解古代社会漕运系统的发展历史、演变脉络,将其变化规律清晰地予以展现,从而更好地对接国家的大运河文化带建设、大运河国家文化公园建设,为漕运古镇打造、漕运博物馆建设、漕运学术研究提供指导与借鉴。

第一节　漕运官制

在中国古代社会的早期,漕运尚未形成完善的系统,漕运官制、管理、运作未有资料进行详细记载。如先秦时期秦国救济晋国的"泛舟之役",是中国历史上第一次有明确记载的内陆河道水上运输事件,利用渭水、黄河、汾河水路数百里,将上万斛粮食由秦国都城雍城运输至晋国都城绛城。这次运粮规模虽大,但记载简略,关于粮食的征集、管理、运输几乎不见诸史料。

一、秦汉至隋唐时期的漕运官制

秦汉时期,开始出现涉及漕运的官员,负责粮食的征收、运输等。在中央层面上,秦朝有治粟内史、西汉有大司农,掌国家租税、钱谷、盐铁,漕运也为其所管。在地方层面上西汉郡县有"漕曹掾"一职,将郡县所产粮食或运往京城,或调往所需之处,运输方式多由水路。两晋南北朝时期的北齐设有司农寺,主管官员为司农卿、少卿,掌管园池、钩盾、典农、藉田、水次仓诸事。其中,水次仓就包括漕粮运输、入仓等事宜。唐代时出现了漕运的专管官员,如裴耀卿曾任黄门侍郎、同中书门下平章事兼江淮都转运使,负责江南各道漕粮转运至洛阳、长安;李杰为陕州刺史、水陆发运使,管理都城粮食运输事务。天宝年间,韦坚曾任陕郡太守、水陆转运使,时江淮漕粮由水路抵永丰仓后,再从渭河转运至长安。但渭河多沙,漕船多阻,于是韦坚在前朝漕渠、广通渠基础上重新开凿新运河,并在京城广运潭建码头。各地漕粮、物资得以直输京城。韦坚因功被封为左散骑常侍,并兼任江南、淮南租庸转运处置等使,可谓权倾一时。

唐代中期以后,随着中央与地方藩镇矛盾的日益激化,中央王朝进一步强化了对漕运的管理,设置诸道转运使、发运使等漕运官员,以便牢牢控制地方的财政权与税赋权,防止藩镇势力过大。唐代宗时,关中空虚,漕粮多不能按时抵京。户部侍郎刘晏兼任河南道水陆转运都使,后又被任命为御史大夫,兼东都、河南、江淮转运租庸盐铁常平使。他巡视江淮漕运,从淮河、泗河乘船至汴河,再入黄河,西经砥柱,达河阴、巩县、洛阳,实地考察后,规划漕运路线,每年运粮40万斛(1斛约为60千克),解决了京城供给问题,稳定了市场粮价。大历元年(766)刘晏任户部尚书兼都畿道、河南道、淮南道、江南道、湖南道、荆南道、山南东道转运使、常平使、铸钱使、盐铁使,管理全国的漕运、财政,并掌吏部官员考核、选拔等事。

隋唐是中国漕运迅速发展的一个时期,漕运官制逐渐严密化与常设化。大量转运使、发运使的设立,对于增强政令统一、强化京城供给起到了巨大作用。特别是中央官员往往兼任地方漕运职官,这对于集中地方财赋,强化中央集权也有着重要意义。正是隋唐大运河的开挖及漕运官制的逐渐确立,为后世漕运系统的完善提供了丰富的经验。

二、宋元时期的漕运官制

北宋在借鉴隋唐漕运制度的基础上,建立了相对独立与稳定的漕运官制,每年运输漕粮达数百万石,有力地支撑了王朝的统治与军事方面的开支。立国初期,北宋设江淮水陆发运使一职,负责东南漕粮输京事务。但因距江淮遥远,难以做到政令统一,所以此职不久被裁撤。数年后,宋政府于淮南设置江淮发运司,就近转输江淮与两浙漕粮。随着机构的健全及转运规模的扩大,两湖漕运也被纳入江淮发运司管辖范围之中。江淮发运司全称江淮浙荆湖六路都大发运司,管理机构设于长江与运河交汇处的真州,并在沿河地区设置了分支机构。江淮发运司最高官员为江淮发运使,下设副使、都监、判官等属官。除发运司外,宋代还有转运司,又称“漕司”,掌北宋各路财赋收纳。转运司最高官员为转运使,属员与发运司类似,也有副使、判官等。宋初转运使数量有限,后逐渐在全国各路遍设,专管财赋收缴。宋王朝设置转运使的目的与发运使类似,即减少地方财政的积累,防范唐代藩镇割据局面的重演,扩大中央财政,增强控制地方的物质基础。北宋还有专门的催纲司与拨发司,主要负责漕粮的起运、输送工作。初期押运人员主要由官府派遣。随着运输量的增加,漕粮改由纳粮大户押运。但粮户无权管辖水手、运兵,漕粮损失严重。后来漕粮改由武职官员押运。王安石变法后,政府出钱雇募人员运输,但军将仍为押运主力。漕粮运输至汴京后,由排岸司、下卸司分别对通过汴河、惠民河、广济河而来的漕粮进行卸袋与入仓。在中央,兼管漕运的机构则为三司,分别为盐铁、度支、户部,掌全国财政,各司主管官员为三司使。三司制是宋代强化君权,削弱宰相权力的一种措施。三司直接对皇帝负责,相互独立与制衡,从而强化了中央集权。三司中与漕运关系最密切的为度支副使,掌汴河、广济、蔡河漕运及桥梁、三税事务。副使下有属员分管各项事务。北宋灭亡后,南宋偏安江南,都城临安(今杭州)距江淮、江南地区距离较近,湖广、四川漕粮也可顺长江直接输往临安。南宋漕运管理继承北宋,通过设置发运司转运漕粮。但随着大规模漕运的消失,最终这一机构于乾道六年(1170)废除。

元代开通了京杭大运河,加之海运发达,漕运制度进一步健全,设置了完善的内河、海运、陆运管理机制。元世祖中统年间及至元中前期,实行水陆联运政策,漕粮运输多为满足北方地区的军需,中统二年(1261)设置军储所,寻改漕运所,至元五年(1268)改为漕运司,主官为五品,数年后再改为都漕运司,主官升为四品。灭南宋后,为将战略物资及漕粮运往大都(今北京),丞相伯颜主张大力发展水运,实行河运为主、陆运为辅的策略。江南漕船至淮安后,转入黄河,逆流至中滦旱站,陆运至卫河沿岸淇门镇,再入卫河,经临清、天津抵通州,由通州陆运至京。但这种运输方式费时费力,不但运输量有限,而且每逢雨季、冰冻天气异常艰难,漕粮多损,运粮百姓苦于漫漫路途之中,耽误了正常生产。至元十九年(1282)设江淮都漕运司、京畿都漕运司,分别负责各地漕粮的运输工作,并设提举司予以辅助。至元中后期,实行河海并行策略,对于内河及海运都非常重视。随着济州河、会通河、通惠河的开凿,京杭大运河全线贯通,为维护修缮河道、保障漕船顺利通行,先后设置济州漕运司、都漕运司、通惠河运粮千户所等机构,并于河西务、临清等处设立分司。但元代京杭大运河岸狭水浅,漕船不能负重,漕粮运输量有限,因此海运规模不断扩大,每年海运粮达数百万石,远超运河的几十万石。具体管理海运者有海道运粮万户府,下辖海运千户所、百户所,江淮、江南漕粮转至河西务后,再由都漕运使司接纳,转输至京。元代漕运管理机构完善程度远超前代,政府会根据不同水域、不同时期调整管理机构,分设不同官员,这深刻体现了元代漕运的特色。

三、明、清时期的漕运官制

明、清两朝是中国古代漕运发展的鼎盛及衰落时期,漕运管理制度不断完善,漕运机构不断健全,形成了庞杂的漕运系统。明清两朝漕运管理经历了由不成熟到成熟的过程,往往会根据漕运的实际状况进行调整。政府针对不同的机构、不同的人员设置相应的章程与措施,保障相关人员专注于自身的工作,同时上级机构与下级机构之间往往会通过制度进行约束与制衡,通过监督、协调以维持漕运系统的正常运转。

明初定都南京,漕粮多由长江运道至京师。洪武元年(1368)延袭元制设京畿都漕运司。主官为漕运使,职正四品,专管漕运事务。属官有知事(正八品)、提控案牍(从九品)。但因明初漕事简便,数年后漕运使裁撤。永乐初年实行海陆兼运,设置漕运总兵官,管理漕粮北运工作,后随着京杭大运河的重新疏浚,专事内河运输。景泰二年(1451)设置总督漕运一职,以文官带正副都御史或户部尚书、侍郎衔出任,与漕运总兵共同管理漕运事务。此时尚未形成正式的官制,其衙门驻于淮安,与漕运总兵同处一城。后随着总督漕运官制的固定化、常规化,其往往兼任淮扬巡抚、提督军务等职,权力不断扩大,漕运管理的专业化程度不断提升,而漕运总兵则权力不断萎缩。漕运总督与漕运总兵虽然都管理漕运,但在权力上也有所区别。漕运总督主要负责瓜洲至淮安之间的漕运事务,而漕运总兵负责淮河以北至天津间的漕运事务。在漕粮征兑、运输等具体事务上,明代于重要漕粮交兑地派遣户部主事任监兑官,负责漕粮的收纳工作;漕船开行后,又有趱运官、押运官,保障漕船在运河上的顺利航行。其中,趱运官一般由御史充任,押运官由各地布政司参政或督粮道充任。明代还设置巡漕御史,沿运河巡视漕粮运输工作。由此可见,明代漕运管理有着详细的分工与职责划分,形成了中央户部、漕运总督、漕运总兵、督粮道、御史等主管、分管、监察相互配合的官员体制,增强了漕运系统不同部分的专业化程度,同时又强化了制约与平衡的内容,漕运官制更趋科学化与严密化。

清代漕运制度在明代基础上进一步细化与完善,涉及人员更多,官员设置更为健全。清代设漕运总督一员,驻淮安,主管运弁金选、漕船修造、漕粮征兑、漕船开行、押运催趱、抵通盘验、漕船回空诸事,总揽一切漕运事务,凡有漕省份涉及漕运的文武官员,均归漕运总督辖制。清代为有效管理各省漕运,于河南、山东、江南、浙江、江西、湖北、湖南分设督粮道1人或2人,掌握本省漕粮征收、起运等工作。每年漕粮征兑,督粮道须亲自验看,并监督漕粮上船;河南、山东两省督粮道甚至须押运漕船至通州,待漕粮入仓后方能回省。为保障漕船在运河上的航行,防止侵盗、舞弊事件的发生,清政府还设巡漕御史数员,驻扎于沿河重要城市之中,负责不同河段的漕船催趱、运丁弹压、运道疏通诸事。除巡漕御史外,沿河官员也兼有属境河道漕船催促责任。漕粮的征收工作主要由地方州县官员负责,但州县官员公务繁杂,通常会派遣佐贰官员协同自己处理。监兑工作则由同知、通判掌管,其根据交兑漕粮质量决定能否上船,防止包揽把持、侵盗勒索、掺和使假诸弊,将违犯者送官惩办。漕粮押运主要由各省粮道负责,同时各省置押运通判1人或数人,具体运输过程中船只的负责人员则为领运官,领运官由各地卫所守备、千总充任,漕船编帮行进,全国漕船总计121帮,每帮有领运官1到2人。清代对漕运官员有着严格的考核制度,制定了详细的考核则例,对于漕粮征兑、盘验、运输、抵通各有章程。违反规定者或罚俸、住俸,或降级、革职,分别治罪;而按时完成任务者,则可以升职、奖励。清代漕运延续至道光年间,各种弊端积重难返。随着清末漕粮改折、漕督裁撤,传统漕运彻底走向了没落。

第二节　漕船制度

中国的船只有着悠久的历史。远古时期先民"刳木为舟",开始了对河流、海洋的探索。随着历史的演进,造船技术不断进步。作为运输漕粮的工具,漕船在中国古代社会中有着特殊的意义与价值。《漕运通志》称:"三代以下,国用之资莫大于漕运,漕运之器莫大于舟楫。"可见漕船在漕运系统中占有重要地位。早在汉代时,就已用漕船运粮赈济灾荒。唐代造漕船数千艘,每船载粮上千斛,十船为一纲,每纲数百人负责运粮。宋代诸州每年造漕船3300余艘,根据水域分别运输。元代实行河海联运,除造海船外,还曾在济宁造船2000余艘。明清时期,漕船管理、修造制度基本成熟,无论是管理机构、材料来源、修造过程还是使用方式均有规定,形成了完善的漕船管理系统。

一、明代漕船制度

明代洪武、永乐年间,国家所造漕船数目不固定,往往根据运粮规模而定。

当时有临清、清江二船厂,负责漕船修造事务。其中,临清卫河船厂建于永乐八年(1410),位于临清州治南三里卫河沿岸;清江船厂位于淮安城西北。正统年间,国家规定造船数额为 11 700 余艘;其中,清江造船厂造 9/10,临清造船厂造1/10。后来为就近方便打造,淮安清江船厂所造船只分由浙江、南直隶等地的卫所打造,只有南京、镇江、江北直隶诸卫所船只在清江船厂打造。修造船只所用物料来自江西、湖广、四川、福建、直隶徽州诸郡县。百姓苦于运输,造船军人苦于物料短缺,公私俱困。后为缓解这一困境,明政府于荆州、杭州、太平府等处设置钞关,派遣工部官员征收抽分税,向过往运输木材、油麻、铁钉、石灰、木炭的船只收取一部分实物,作为清江、卫河造船厂的用料,每年造船用银 5 万余两,其中官银 2.6 万余两,造船军人自办银 2.3 万余两。各省因运粮数目差异很大,所以漕船数额也各不相同。其中,山东都司有漕船 773 只,初造于临清卫河船厂,后造于清江船厂;浙江都司有漕船 2046 只,造于苏州分厂;江北直隶各卫所有漕船 2694 只,造于清江船厂;其他南京卫所、中都留守司、江西都司、湖广都司、遮洋总等各有数额,分造于卫河、清江、武昌、九江等船厂。

漕舫图(宋应星《天工开物》)

明代各造船厂有专门的管理机构与管理人员。其中,淮安清江船厂有工部主事及工部提举司负责造船,下辖南京厂、中都厂、南直隶厂;临清卫河造船厂初由河南布政司、山东布政司管辖,后改工部主事及提举司管理,所属有北直隶厂、山东厂、遮洋厂。工部主事下辖造船千把总、书办、算手、门子、小甲等人。造船工匠初期多征派,各地工匠轮流造船,积极性较差,多有逃亡;后期改为从市场雇募。船只有着严格的使用年限,往往根据所用材料的质量与使用年限进行维修或更换。天顺年间规定卫河、通州、淮安船厂所造漕船用松木者,2年小修,3年大修,5年改造;用杉木者,3年小修,6年大修,10年改造。在明代漕运兴盛、运河畅通时,有漕船1万余艘,运粮卫军12万余人,后随着河道淤塞、物料短缺、战乱频繁,漕船多有损毁,造船数量日益减少,难以承担起相应的漕运任务。

二、清代漕船制度

清朝初年有漕船10 455艘,包括直隶39艘,山东1054艘,江南江安粮道4887艘,苏松粮道648艘,浙江1999艘,江西1002艘,湖广826艘。后随着漕粮改折数额的不断扩大,船只数目不断下降,至咸丰年间,仅存船6000余艘,运粮100余万石。清代漕粮运输以帮为单位,每帮有漕船十数只到数十只不等,运粮数额差异很大,每船有旗丁1名,水手9名,负责漕粮的运输。为鼓励运粮积极性,清代还规定旗丁、水手漕船中除装载漕粮外,还可以携带一定数量的土产,土产不需要交纳税收,所得利润归自身所有。

清代漕船修造地较为分散,各地卫所兼有造船任务。如山东各地卫所漕船修造于淮安所辖的山东船厂;徐州、河南漕船因距临清距离较近,所以于临清船厂修造;江南、江淮、庐州、凤阳、淮安等地卫所漕船修造于淮安,安庆、金山、苏州及江西省卫所船只修造于当地,浙江各卫所漕船修造于仁和、钱塘二船厂,湖南、湖北卫所漕船修造于武昌、汉阳二船厂。据《清代漕运》载,清代漕船根据所造地、航行区域大体分为三类,江西、湖南、湖北三省漕船称江广船,江南、浙江漕船叫江浙船,山东、河南漕船称浅船。江广船只行经长江,船型最大;江浙船只需航行于太湖等水域,船型次之;浅船主要经由运河北段,船只运载量最小。因漕船经行区域水文环境差异很大,特别山东运河船闸数量很多,水源匮乏,所以清代对漕船运粮数量有着严格的规定,一般为400石至600石。但旗丁、水手为多载私货,漕船运载量往往加至 1000 余石,多者至 2000 石。中央政府为保障漕船按时抵京,对于私载过量货物者进行惩治,但因其中利益巨大,这一弊端始终没有彻底解决。

清代漕船修造费用与明代基本类似,出自官府、钞税、旗丁等。清代每船修造费用银 1000 余两,远超明代所造费用。每年修造时由各省粮道根据船数发给银两,所用物料、工银年终送户部查核,以验明有无舞弊现象。漕船打造完毕后,为完善追责体制,需要将负责官员、工匠名字及制造日期刻于船尾,由漕运衙门打上烙印。如果船只提前损坏,对造船官员、工匠进行惩治。造船官员如谎报船只腐朽或修造未完工却谎称完工者,降职二级调用;承造船只时不亲自监工,不能按期完成者降一级调用;负责官员督催不力者,罚俸一年;船只不足却不提前修造或雇募者,负责官员降一级调用;监造漕船不力,玩忽职守者罚俸一年;卫所官员解送漕运船只迟误或腐朽者,罚俸一年。

清 江萱《潞河督运图》(局部)

相较于明代,清代漕船的数量大为减少,但造船的灵活性进一步增强。多数船只基本由运粮卫所自造,造船的人员、费用等会根据实际情况的变化调整。随着清代中后期漕粮的大规模改折及传统漕运的衰落,漕船数量急剧下降,每年运粮数量也随之减少。这种现象充分体现了中国传统漕运随着历史的沿革，已愈发不适应时代的发展与要求，其衰落成为必然。

第三节　漕运制度

明代之前漕粮运输复杂多变，前期多由民运；宋代时形成了纲运制度，分批大宗转输漕粮物资，参与人员既有官员、军人，也有商人与普通民众，是一种综合不同人群的运输方式。至明清时期，随着漕运制度逐渐由支运、兑运向长运转变，运粮主体也由普通民众转向了运军、水手，形成了职业性的漕运队伍。这一转变，一方面体现了漕运系统日趋严密化与专业化，另一方面，国家对漕运队伍控制增强，有助于稳定社会秩序，保障漕粮按时入京，最大限度地发挥漕运调配资源、社会制衡的功能。

一、明代漕运制度

明洪武初年设立卫所制度，在京师及各要地置卫，共计 329 卫，以强化中央集权，稳定地方社会。卫所在中央由五军都督府管辖，在各省由所在地的都司管辖。明代卫所军人除具有战守的职责外，为保障卫所自身需求，还往往在驻地屯田，通过农业种植获取一定的粮食，减少国家财政的开支，这实质是一种"战屯结合"的政策。明初因漕粮主要由普通民众或纳粮户负责运输，所以军队参与运粮的比例不大。后因民众运粮旷日持久，严重耽误了正常的农业生产，不利于国家赋税的征收，所以逐渐改变政策，由部分卫所军人运粮，而民众缴纳部分费用补贴军人，从而形成了专业性的运军队伍。自成化七年(1471)施行漕粮长运法后，部分卫所逐渐成为专业漕运单位，"官军长运遂为定制"。这些卫所主要分布于山东、直隶、湖广、江西等地。漕运队伍中有 120 余卫，另有 20 余千户所，运粮军人合计近 12 万人，每年输粮 400 余万石。这一政策一直延续至明末。12 万运军并非每年都参与运粮，而是实行轮换制度。每年有 47 000 余人参与其中，而其他运军则在驻地屯田。运粮者的收入除固定的月粮外，还有长途补贴的行粮。加上随漕船携带的土产，其收入高于屯田卫军。如山东有临清、平山、东昌、济宁、兖州诸卫及濮州千户所，每卫运粮数目各不相同：临清卫每年运粮 7.9 万余石,平山卫运粮 3.1 万余石,东昌卫运粮 2.3 万余石,济宁卫运粮 6.8 万余石,兖州护卫运粮 1.8 万余石,濮州千户所运粮 7800 余石。运粮数目往往与该卫人数、兑粮区域相关。

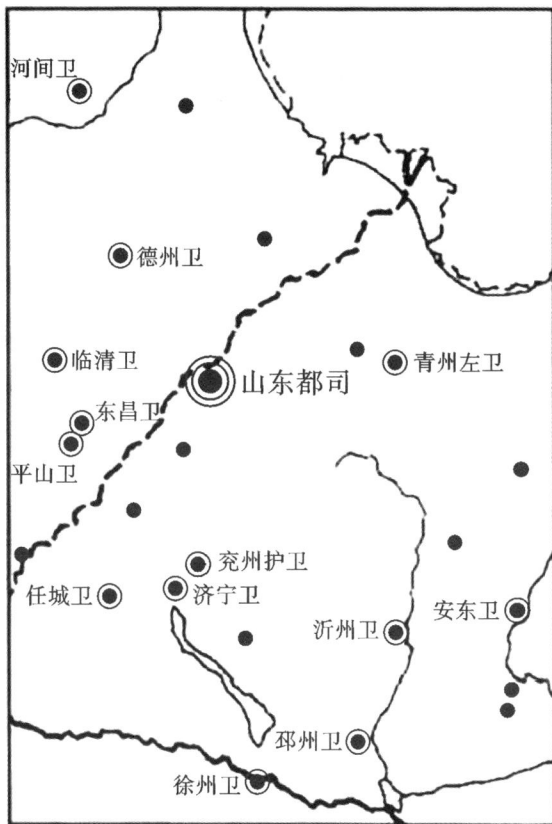

明代后期山东卫所分布图①

明代漕运卫所除受各省都司管辖外,同时也受漕运总兵、漕运总督的辖制。明初每卫大约有 5600 人,后随着卫军的不断逃亡,其实际数目少于此数。卫所诸多官员,如卫指挥使、指挥同知、指挥佥事、千户、百户、总旗、小旗等,在运粮时则为不同级别的运官,负责该卫运军前往兑粮码头兑取漕粮,然后押运漕船北上京城。明代每艘漕船大约有运军 10 人。为防止运军逃亡与侵盗漕粮、破

---

① 《山东运河航运史》,山东人民出版社 2011 年版,第 208 页。

坏漕船,实行连坐制度。以 5 船为一甲,设甲长 1 人,每船设旗甲 1 人。如一船有漕粮损失、漕船损坏情况,甲长、旗甲及运军均有赔补之责,严重者刑部予以惩治。明代漕运卫所军人为世袭军户,以三丁以上之户出成丁一名从军,承担每年的漕粮运输任务。明代运河近 1800 千米。虽然运军有各项补贴,但常年漂泊于运河之上,甚至需要经由洞庭湖、鄱阳湖等险恶的水域;加上远离家乡与亲人,频繁遭受闸官、仓胥等人勒索,其生活困苦,属社会的最底层。加上一旦漕船遭遇风浪或者火灾,导致漕粮、漕船损毁与损失,运军往往破家丧产,甚至有沦为乞丐者。

与前代相比,明代出现了专业化的漕运队伍——运军,这是中国漕运历史的进步。相较民运,漕运卫所运粮不但有利于国家的控制,不会耽误正常的农业生产,而且可以通过严格的法令与措施约束运军,使其遵循国家的漕运政策。同时这种准军事化的组织,可以使运军在遭遇兵乱、匪患之时,有相当的自卫能力,保障漕粮按时入京,从而稳定国家的统治根基。

二、清代漕运制度

清朝初年对明代治国策略多有借鉴,其中,对明代漕粮运输长运法与卫军制度基本全盘予以沿袭,但也有所改变。清代卫所管理制度将卫指挥使改为卫所守备,千户、百户改为千总、百总,运军改名为"旗丁",又称"运丁"。雍正年间全国有卫 78 个,所 39 个。卫所承担漕粮运输的任务未变。清代因运粮数量的差异,各有漕省份卫所数目,包括船帮数目、运船与运丁人数也差异较大。据《清代漕运》一书所载,山东运粮卫所有东昌、临清等 4 卫,辖东昌、濮州所、平山前、平山后、山东前、山东后、河南前、河南后、东平所等 16 帮,计运船 890 只,运丁 8900 人,其他江安、江西、湖北、湖南各省卫所分辖帮数、船数、运丁数各有差异。

清朝初年定每船运丁数与明代相同,均为 10 人;后根据各省帮数、船数、运粮数有所调整,多者每船甚至达 17 人。但在漕船实际运作中,每船只有旗丁 1名,其他 9 名多为雇募的水手。水手多为赤贫穷人,受国家约束力度较小,经常做出盗窃漕粮、损坏漕船,甚至在运河上劫夺商人的不法之事。犯法后,他们就逃入山林,为匪为盗,成为与国家相对抗的力量,扰乱地方社会。清代各卫除有运粮任务外,往往还兼有管理河道之责,如德州卫千总一员,管理河道南自下八

漕斛（聊城中国运河文化博物馆藏）

里堂铺德州界起，北至桑园镇直隶吴桥县界止，长 44 千米余，德州左卫北河河道长 526 米，后裁并，归德州卫管辖，另自临清南板闸起，北行 175 千米至桑园镇出界止，为山东省卫河河道。济宁卫有管河千总一员；所管河道南接济宁五里浅起，北接巨野火头湾止，共 12.5 千米；后改为管理曹井桥等浅铺 5 所，所管河道北自巨野县曹井桥起，南至济宁州五里营止，长 9 千米；计有浅夫①、闸夫、铺夫 130 名。其他东昌卫、临清卫、平山卫、东平千户所所管河道长度不等，一般为数里至数十里。清代各卫所兑漕区域各不相同，如山东省东昌卫兑粮于东关大闸、北梭集、梁家浅等处，收兑聊城、博平、堂邑、茌平四县漕粮。济宁卫前帮收兑冠县、历城、肥城、金乡、鱼台、嘉祥、巨野等 16 州县漕粮，济宁卫左帮收兑章丘、邹平、齐河、商河、恩县、德平等 15 州县漕粮。

　　清代卫所数量较少，而且漕粮运输的主力由明代的运军变为水手。水手不具有卫军世代为兵的特点，流动性较强，同时对漕运系统缺乏向心力、凝聚力，所以运粮积极性不高，往往会做出一些违法乱纪的事情，对社会秩序造成破坏。因此至清末，随着运河淤塞、漕粮改折，加上屯田制度的废毁，卫所制度也逐渐走向了灭亡。

---

①　浅夫：挑浅疏浚河道的夫役。

第四节 漕仓制度

　　漕运仓储即存储漕粮的粮仓,是伴随着中国漕运的不断发展而产生的。中国的漕仓有着悠久的历史。早在商代时,就产生了中国历史上最早的漕仓巨桥仓。随着运河开凿规模的不断扩大,国家对漕运仓储的建设日加重视,漕仓的管理、运作、功能不断健全,形成了完善的漕仓系统。如秦代的敖仓,汉代的京师仓,隋唐含嘉仓、洛口仓等,就属于典型的漕仓,其作用主要以供给京师、满足军事需求为主。这一时期因国家的政治中心位于长安与洛阳,所以漕仓主要分布于黄河、渭河沿线,仓储类型以地下为主。宋元时期随着政治中心的东移与北移,开封、北京成为国家的都城。为解决东南经济中心与政治中心的偏离,漕运仓储逐渐由黄河沿线向京杭大运河沿线集中,仓储的管理制度逐渐严密,在中央、地方都建立了相对完善的运作机制,仓储也由地下结构变为地上土木结构,仓储的防潮、防湿等要求更高。

　　随着明清漕运盛世的到来,漕粮运输量由不稳定逐渐趋向稳定,每年北运漕粮 400 余万石。中央政府为存储漕粮,在京城设置漕仓满足皇室、百官、驻军口食之需,在沿河重要城市建立水次漕仓以备转运漕粮,在州县沿河设小型漕仓以便运军交兑漕粮,从而形成了漕粮交兑起点、转运中介、存储终点 3 种类型的漕仓,以适应漕运不同阶段的需要。明清漕仓的产生一方面是漕运发展的结果,另一方面也是适应社会经济演变的一种客观需要。据明清史料记载大量漕仓存粮用于调节市场粮价、稳定区域社会秩序、灾荒赈济,这充分体现了漕仓功能的多样性与全面性。可以说,中国古代的漕仓文化是漕运变迁的历史见证,反映了国家对于储积、资源调配的重视,属于国家策略在漕运中的具体实施。

一、明代漕仓制度

　　明代漕运仓储分为京通仓[①]、沿河大型水次仓、地方社会小型漕仓 3 类,其

---

① 京通仓:明清时期,北京主城区和通州分别建有京仓、通仓,用以储存漕粮,两处仓廪合称京通仓。

管理结构、存粮规模、功能作用也差异较大。明代漕仓的演变并非直线型的,漕仓建设往往会根据漕运政策进行调整,与社会现实有着密切的关系,体现了明代漕仓建设的客观性、目的性与实践性。

　　明代京通仓位于京城与通州,由户部进行管辖,由户部尚书或侍郎充任总督仓场,下辖京粮厅郎中、通粮厅郎中、各仓监督主事、大通桥监督等属官。工部主事负责修仓,御史负责巡视仓储。不同部门、不同级别的官员共同维持着仓储的正常运转。明代京通仓储为仓储群,具体包括北京旧太仓、南新仓、济阳仓、海运仓、禄米仓、北新仓、大军仓、西新仓、大兴左仓、太平仓及通州南仓、中仓、西仓、东仓。这些仓储分布于京城不同区域,主要接纳通过运河或陆运而来的江淮、江南及山东、河南漕粮,类型包括米、麦、豆等。各仓由户部主事负责,有一仓一员者,也有二仓一员者。初期户部主事一年一更,任职期满经户部考核没有仓粮短缺后加以提升;如有侵盗或亏短会进行追责与赔偿。后因一年期限太短,主事不能对仓储进行全面整顿与管理,所以万历年间改为三年一更。明朝初年,京通仓存粮并不固定,其数额受每年漕运量及国家需求影响较大,如正统元年(1436)漕运量为400万石,京仓存粮大约160万石,通州仓存粮约240万石;第二年运粮450万石,京仓约收180万石,通州仓约收270万石。成化年间随着漕粮运输量的固定,京通仓存粮不断增多,积累丰实,最高数额甚至达2 000余万石,能够满足京城十数年之用。成化后,随着灾荒、战乱不断,加上运

北京北新仓遗址

道淤塞、漕粮改折等原因,存粮不断减少。天启时京通仓存粮仅100余万石,难以满足庞大的国家需求。京通仓作为国家漕运的终点存储地,其作用巨大。一方面在政治与军事上,京通仓供给皇室成员、在京勋爵、文武百官及边防驻军,有保障京城与边防稳定、强化核心阶层控制社会的作用;另一方面在经济上京通仓还具有平衡粮价,稳定市场及灾荒赈济的作用。古代社会以小农经济为主,自主调控社会平衡的能力较弱。面对自然灾荒时,政府往往需要通过各种措施予以调控,而京通仓粮的发赈、平粜在其中发挥着巨大作用。

明代沿河大型水次仓主要包括天津、德州、临清、徐州、淮安五大仓储,这些漕仓在明代前期存粮上百万石,起着转运漕粮、补给京师,稳定地方社会的作用。后随着漕粮长运法的施行,仓储存粮不断减少,功能减弱,对国家与社会的影响力日益衰微。明代水次仓由国家派遣户部主事进行管理,在明初行支运法①时,淮安仓存粮150万石,徐州仓存粮274万石,临清仓存粮220万石,其规模非常庞大。宣德年间施行兑运法②后,徐州、临清、德州、淮安四仓存粮约170万石,其数额已大为减少。万历、崇祯年间因长运法久行,水次仓功能减弱,甚至达到了无粒米的程度,可见此时仓储建设已不受国家重视。明代水次仓除具有存贮、转运的功能外,在政治上也具有为当地卫所军丁、官员及运军提供俸粮与食粮的作用,甚至在紧急时刻可以为国家提供军需支援。在经济上,水次仓在所在城市及运河沿线区域的灾荒赈济中也发挥重要作用。例如,明代正统、景泰年间,德州仓、淮安仓、徐州仓就曾赈济直隶真定、保定、南京等地的灾荒,对于稳定社会秩序起到了相当大的作用。

作为漕粮交兑的起点,明代地方社会小型漕仓主要与纳漕民众、运军发生密切联系,其存粮相对较少,而且所存漕粮基本不会服务于市场与灾荒赈济。小型漕仓一般归地方州县官员管辖,其分布数量最多,一般位于运河沿岸或与运河相贯通的自然河道附近,甚至在一些水运发达的商业市镇也存在。如山东

---

① 支运法:也称转运法,明代漕运方式之一,永乐十三年(1415)漕运总兵官陈瑄推行。规定各地漕粮就近运至淮安、徐州、临清、德州四仓,再由运军分段接运至通州、北京。一年转运四次。农民参加运粮即免纳当年税粮,纳当年税粮则免除运粮,其运费计算在支运粮内。民运的比重占支运的四五成。

② 兑运法:明代漕运方式之一。农户将税粮运到所在州县府,再由官军代运漕粮,百姓付予相应的路费和耗米。

张秋镇为运河沿岸著名商埠,不但有北河工部分司衙门驻扎,而且有户部监兑官员前来监督漕粮交兑,是曹州、曹县、定陶、郓城、寿张、范县、濮州、朝城、观城9州县的漕仓所在地,总计收粮 3.4 万余石。七级镇为东阿、阳谷、平阴、肥城、莘县漕仓所在地,收纳漕粮 2.3 万余石。南直隶每年起运漕粮数目庞大,小型漕仓数量更多。例如,松江府有 2 座水次仓,位于府城西门外;上海县有水次仓 2 座,其中,南仓场位于县治南二里,唐行仓场在唐行镇。苏州府新阳县漕仓旧在丽泽门外,后移入城中。湖北漕粮收兑地主要集中于长江沿岸,武昌府所属的陈公套为重要的漕仓所在地,兴国州、江夏、武昌、嘉鱼、贤宁、崇阳等地漕粮运输至此存贮,再由运军取粮后由长江进入运河,北上京城。湖南横山县漕仓位于长江沿岸,储本县漕粮;临湘县漕仓又称便民仓,位于县城西北。明代小型漕仓便利了民众就近纳粮,同时运军可以通过京杭运河、长江、卫河等河道直达漕仓所在地,直接将漕粮搬运上船。

二、清代漕仓制度

清代漕运仓储基本与明代类似,也分为京通仓、大型水次仓、地方小型漕仓,但在管理制度、存粮数量上与明代差异较大。因地方小型漕仓基本沿袭明代,变化较少,所以下文着重对京通仓、大型水次仓进行介绍,以体现明、清漕仓制度的差异性与清代漕仓的特色。

清代京通仓由户部下辖的云南清吏司管理,有满洲郎中 2 人,汉郎中 1 人,满洲员外郎 3 人,汉员外郎 1 人,满洲主事、汉主事各 1 人。清代也设仓场总督,由户部侍郎或户部尚书兼任,下辖坐粮厅、大通桥监督、京通各仓等。各机构主官均满、汉各 1 人,相互制衡与监督,防范仓储腐败现象。清代京城有 13 仓,分别为禄米仓、南新仓、旧太仓、富新仓、兴平仓、海运仓、北新仓、太平仓、本裕仓、万安仓、储济仓、裕丰仓、丰益仓,通州有西、中 2 仓,各仓既有明代旧有仓储,同时也有增加与裁减。为保障仓储安稳,京通仓设有稽查制度与巡视制度,稽查者为都统、副都统、道员、副将,巡视者为巡仓御史。如有仓储破损,为防粮食潮湿霉变,则由工部、户部修仓官员进行修缮;如 3 年内有坍塌、渗漏、损坏者,命监修官员赔修。京通仓除各仓监督外,还有大量基层管理人员与劳役人员,如看仓旗员、守仓兵丁、经制吏、攒典、皂吏、花户、小甲等,分别承担相应的仓储工作。清代京通仓除满足皇室人员、京城文武百官及八旗兵丁口食所需外,对于京城灾荒赈济、抑制粮价上涨、供给慈善机构也具有重要的意义,是稳定京畿区域社会的重要物质保障。

北京禄米仓遗址

与京通仓相比,清代大型水次仓的管理较为简单,经历了由户部管辖到地方管辖的过程,与之相对应的是存粮数额的不断减少。顺治年间,临清、德州、徐州、淮安、凤阳、江宁各仓由户部派遣官员管理,并制定了详细的考核制度,以保障仓储丰盈。康熙年间,多次停水次仓户部监督一职,如德州仓就曾由莱州府通判兼理,临清仓由登州府通判兼理,后又改由山东督粮道管理。徐州仓、淮安仓康熙初年也裁撤户部管仓一差,淮安仓由淮扬道管理,徐州仓由淮徐道管理。顺治年间江宁仓由西新钞关户部主事代管,凤阳仓由凤阳府知府管理;二仓除存粮外,还有征收商税的功能。与明代初期水次仓存粮上百万石相比,清代水次仓存粮较少,一般为数万石左右,其功能主要以供给运粮旗军行月粮及小规模灾荒赈济为主,如清初德州仓、临清仓曾对山东灾荒赈济,凤阳仓对淮扬水灾赈济,江宁仓对淮安水灾赈济发挥过一定的作用。清中后期随着存粮锐减,水次仓赈济功能随之消失。

第四章　运河城市

　　历史上,大运河沿线城市多因运河畅通而繁荣,也因运河断流而衰落。"城"与"市"在中国古代是两个具有不同意义指向的概念。城是指政治、军事统治中心。市是商品交换的场所,如《说文》云:"市者,买卖之所也。"同时,二者又都有人口聚集的意思。战国以后,城、市逐渐合一,特指人口集中、非农业各类产业发达的地区,其通常是周围地区的政治、经济、交通与文化的中心。隋代以前,中央政权依赖关东与关中平原两大经济区,形成了以长安与洛阳为中心的城市格局。隋唐大运河开凿以后,经济重心南移,建立起以洛阳为中心的大运河体系。元明清时期,南北贯通的大运河沟通南北经济,部分解决了南北区域之间人口与农业生产地域不协调的矛盾,也促进了沿线城市的发展。诸如天津、临清、济宁、淮安、扬州等城市迅速发展,形成中国东部经济发达的城市群。清代中期以后,漕粮改行海运,再加上黄河决口、战争等原因,漕运渐趋衰落。随着轮船、火车等近代交通工具的使用,京杭运河最终被铁路和海运所取代。咸丰五年(1855)黄河北徙后,曾经繁华一时的运河城市从此一蹶不振;有些城市经历短暂的衰落后,重新振兴并发展成颇具规模的近代都市;有的城市则发展缓慢。中华人民共和国成立以来,尤其是中国大运河申遗以来,在大运河文化带建设过程中,运河城市发展迅速,与长江经济带、"一带一路"紧密结合,成为带动区域发展的增长极。

　　本章选取不同河段的重点运河城市进行简略梳理介绍。

第一节　京杭大运河城市

一、北京

北京,旧称燕京、北平,地处华北平原北部,东与天津接壤,其余部分与河北相邻。京杭大运河主体横跨昌平、海淀、西城、东城、朝阳、顺义、通州七区,以通惠河和白河为大运河主线。

北京地区运河开发最早可追溯到三国时期。建安十一年(206)曹魏政权为解决北方地区军粮运输问题,开凿了平虏渠和泉州渠。隋唐时期,北京为运河北端边防重镇。隋炀帝开永济渠连接北方边境,为北京地区跨流域、跨地区的交流奠定了基础,自此漕粮可抵达北京。金代以隋唐大运河为基础,开凿了以北京为中心的人工运河,但因技术所限通航并不顺利。元代时确立北京为全国政治中心,为解决南粮北运问题,郭守敬主持开凿大都(今北京)至通州的运河——通惠河,重新恢复并改进了金朝的闸河,引白浮泉水,经过双塔、榆河、玉泉等河,在西水门进入京城,汇集为积水潭,再向东南到通州入白河。从江南北上的漕船可以驶入京城抵达积水潭(元人称为"海子")。

明清时期,北京主城区和通州分别建有京仓、通仓。明嘉靖七年(1528),巡按直隶监察御史吴仲主持开浚通惠河,城内不再通航,南来漕粮运至大通桥,再采用分段递运方式运抵北京。清康熙年间,疏导通惠河上源玉泉山水道,利用东护城河接运大通桥漕粮入京仓。漕运停止后,北京段运河逐渐淤废,通惠河成为北京排水河道和景观河道。

北京城的历史与运河密不可分,至今民间仍有"漂来的北京城"之说。元代定都大都后,漕运和海运直接影响了都城的商业发展和城市布局。元代北京的街市分为3个核心区。一是朝后市,即积水潭所在之处;二是顺承门里的羊角市(今西四牌楼一带),这里有米市、面市、羊市、马市、牛市、骆驼市、驴骡市等;三是枢密院角市(今东四牌楼南灯市口大街一带)及十市口(今东四牌楼),这里有杂货市、柴草市、车市等。这三处均为市场密集区,基本都以运河为中心。其中,以钟鼓楼的朝后市最为繁荣。明初,成祖迁都北京,修建京城所用砖木石料——产自四川的金丝楠木、临清的贡砖等，都是通过运河运抵的。除漕粮外，京师所需的其他物资也大多来自江南，如蔬果、茶叶、纸张、瓷器、丝绸、手工制品。南来北往的漕船、商船、商人商帮，促进了京城商业经济的繁荣。清代的城市区域划分，有"东富西贵"之说。所谓西，是指积水潭、什刹海、北海、中南海一带，尽为深宅大院、王府官邸、花园；在京的巨商富豪则多居住在东城，尤其是东四附近。除此之外，明清两代外城商业亦发展迅速，特别是前门、崇文门、宣武门等内城城门外，甚至超过了朝后市的鼓楼。

北京现存运河文化遗产众多，包括运河水工类遗址如广源闸、庆丰上闸等；运河古建筑如万寿寺、紫竹院等。

北京故宫博物院

二、通州

通州，古称路县、潞县，金代改通州，取"漕运通济"之意，是京杭大运河的最北端，西距北京咫尺之遥，因此被称为北京的"东大门"。

通州的城市发展与北运河（古称潞水）紧密相关。元、明、清时期，通州成为漕运、仓储及京东行政中心。元代郭守敬开凿通州至大都（今北京）的运粮河道,完工后该河被赐名"通惠河"。明初通州城扩建,即今通州旧城;后永乐皇帝迁都北京,通州成为南漕北运的终点。据明代《通州志略》记载:"通州上拱京阙,下控天津,潞、浑二水夹会于东南。幽燕诸山雄峙于西北。"明正统年间,朝廷为保卫设在通州西城垣外的大运西仓、南仓而筑通州新城,并设管漕衙署。清雍正朝,自北京朝阳门至通州北大街修筑石道,改善陆路交通,方便漕粮运往京师。

漕运促进了南北经济文化的交流,作为漕运最北端的通州因此受益良多。南方各省份漕粮直接抵通州,漕运水手携带土宜在当地进行贸易,发展了当地的商业,扩大了城市规模。明嘉靖年间,在通州城东垣外形成了私营米、麦的聚销场所。万历末年,通州城内街巷已增加到 50 条。清代通州商业进一步发展,有诗形容曰:"漕艇贾舶如云集,万国梯航满潞州。"外国来华使臣也多沿运河前往京师,至通州后弃舟乘轿。清代外国使者曾记载通州的商业盛况:"市肆丰侈,杂货云委,或聚置床上,或积至路边,车运负担,不可尽数。"江南及海外货运通多汇集于此,通州城内外形成了众多货栈和市场。

至今通州还留有许多因漕运而兴建的村庄,诸如北码头、土桥、杨堤等,这类村庄数量约占通州乡村总量的 1/3。通州现存运河遗址有仓场总督衙门、大运中仓遗址、西仓遗址、张家湾镇、通州燃灯塔等。此外,通州还在古运河的影响下积淀了宝贵的民俗文化遗产,流传着大量的民谣、童谣,并形成了独具特色的运河船工号子。

三、天津

天津别称津沽、津门,地处华北平原东部,海河流域下游,是北方最大的港口城市。京杭大运河天津段,南起静海九宣闸,北至武清木厂闸,由南运河段和北运河段组成,长约 71 千米,流经静海、西青、南开、红桥、河北、北辰、武清 7 个区。

天津的运河开发史有 1800 余年。北魏时期,曹操为解决北方地区军粮运输问题开凿平虏渠,即今天津市区中心的三岔河口(清河、派河、笥沟诸河汇合之处)。隋大业四年(608),隋炀帝所修永济渠基本沿用曹魏时的旧渠道。自元代始,国家政治中心向北方转移后,天津逐渐由一个军事要地变为重要的商业城市。天津名称的来历与燕王朱棣有关。相传靖难之役时,为了与建文皇帝争夺皇位,朱棣曾从直沽(在今天津市内)出发南下金陵(今南京)。成为帝王之后,为了纪念当时南下的壮举,便赐名直沽为天津,意为天子经过的渡口。

　　天津地当畿辅门户,是漕运枢纽,漕船、商船前往京师、通州以及边防等地,都要由天津经过。由于地处"九河下梢"及渤海之滨,低洼湿地多,可耕之地少,因此,其地粮食产量不高,所需的粮食大多依靠其他地方供给。漕船附载的南方土产大量涌入天津,促使天津商业得到较快发展,三岔河口、桃口、北仓等地成为运河沿岸的重要市场,其中,尤以三岔河口最为繁华。这一地区还逐渐形成了以商品或经营业务命名的街市,诸如针市街、粮店街、估衣街等。大量漕运兵丁、运军水手在天津码头停留,带动了天津餐饮业和娱乐业的发展,鸟市、茶院、戏楼成为当时漕运人员消遣的去处。明代中期前后,天津城内重要的商业集市有5处,即仁厚集、宝泉集、货泉集、大道集、富有集,到康熙年间发展为十集一市,集市地点大都分布在天津城的中心区和东、西、南、北门内外。商品经济日益发达的天津成为北方仅次于京城的繁华都市。

　　天津现存与运河相关的建筑、遗址数量颇丰。大运河天津段遗产包括28处运河遗存;其中,运河水工遗存12处,附属遗存4处,相关遗产12处。位于古文化街道的天后宫,始建于元泰定三年(1326),是天津现存最古老的建筑群。运河也孕育了天津独特的非物质文化遗产,如杨柳青年画等。

天津天后宫

四、沧州

沧州位于河北省东南部,东部濒临渤海。运河沧州段属于漳、卫运河的下游河道,为南运河的一部分,流经吴桥、东光、南皮、泊头、沧县、沧州市区、清县7县(区)。

沧州段运河最早开凿于东汉末年,曹魏为北征乌桓开凿平虏渠。隋大业四年(608),隋炀帝开永济渠引沁水作为水源,北通涿郡。唐宋时期,沧州运河称为御河或卫河。明代弘治年间,朝廷对沧州水道进行了治理,开14条减河用以调节水源。清代,临清至天津一段称为南运河,沧州段运河位于南运河下游,承担着繁忙的运输任务,境内水道治理的力度加大,政府屡次在沧州运河险要地段加固缕堤(临河处所筑的小堤)并添建闸坝等水利工程,以保障运河的畅通。漕运停止后,因运河逐渐淤塞,内河航运规模减小,沧州段运河也失去了昔日的繁华。

明清时期的沧州"北拱幽燕,南控齐鲁,东连渤海",是运河沿岸重要的商业中心与漕运码头,因地近海滨,盐业也较为发达,早在宋、金、元时期就有大量官私人员从事盐的晒制与贩卖。沧州长芦盐场生产的海盐,大多通过运河等运输线路运送到各地。据雍正《长芦盐法志》记载,长芦盐运销路线如下:以北河(北运河、蓟运河等)系、淀河(大清河)系、西河(子牙河)系、御河(南运河及卫河)系为骨干,辅以陆路,覆盖了整个直隶和山东、河南的部分地区。盐的运输,也加大了燕赵之地与其他区域的文化交流,形成了以盐为载体的文化互动。

优越的交通位置不仅便利了食盐的生产与销售,更刺激了本土农业、手工业和商业的发展。沧州地区商业城镇众多,仅漕运码头就有桑园镇、连镇、东光、泊头、兴济、青县等10多处。这些码头是漕运水手运军出售私货的地方,更是各地商人的会集之地。沧州的枣、鸭梨、御河棉、花卉等也多销往南方。沧州城市建设方面,形成了一批以商品或经营业务命名的繁华街道,诸如竹竿巷、盐厂、锅市街、书铺街等。街市之中既有通过运河从南方运来的竹子、瓷器、绸缎等商品,也有本地商人开办的店铺与金融机构。沧州为京、津、冀、鲁、豫商品流通必经之地或商品集散中心,亦为官府、巨富走镖要道,故沧州镖行、旅店、装运等行业兴盛。

五、临清

临清因傍清河而得名,历史上曾称清河郡和清渊县。临清全境处黄河下游冲积平原,地势平坦,境内有漳卫河、运河、马颊河等多条河流交汇。明清时期,临清地处京杭大运河与卫运河交汇处,北及北京,南达杭州,有"繁华压两京,富庶甲齐郡"之称。

元代开凿的会通河,南起安山西南,北至临清卫河。由于地势原因,临清境内修建有会通闸、临清闸、隘船闸等多个闸座用以节水。明永乐十五年(1417)因鳌头矶以北的元代会通河故道与卫河落差较大而不宜行船,遂废除其入卫河河道及上游的三座水闸,重新开挖了鳌头矶以南的入卫河道,新建了南板闸及新开上闸。明正统年间,以广积仓外缘为城垣修筑临清城。清代对临清段运河进行了多次修缮。清中叶以后,运河运输功能大为下降。咸丰五年(1855)黄河改道后,临清以南河段逐渐淤塞断航。

临清位于运河沿岸,绾毂南北,水陆交通两便,是全国著名的流通枢纽城市,也是华北地区最大的货运中转城市之一。明初临清"置三仓",即临清、广济、常盈仓,仓廒有 800 多间。为保障粮仓,明朝景泰元年(1450)修建了砖城,多驻扎官署;明朝嘉靖二十一年(1542)又修建了土城,多居住商贾。因此,民间有"先有临清仓,后有临清城"之说。明宣德四年(1429)临清设钞关,由御史或户部主事督收船料商税之课,每年约至 4 万金。到明嘉靖年间,临清已经成为一个"延袤二十里,跨汶卫二水"的较大城市。明嘉靖至万历时期,临清经济进入全盛时期。在临清市场上,活跃着来自全国各地的商人,如徽商、晋商、闽商、粤商、江西商、洞庭商等。清代临清的繁荣程度不及明代,但直到咸丰年间黄河改道、张秋以北运河逐渐淤塞,临清一直是华北平原最大的商业城市之一。商业的繁荣带动了手工业的发展。临清本地手工业主要有砖窑业、纺织业、皮革业、食品业、竹器业、五金业、木业、鞋服业等行业。其中,临清烧制的临清贡砖,是专供北京城修建的主要石料,随漕船运抵北京。

临清中洲古城区是由元代运河、明代运河和卫运河交汇环抱形成的,也是临清城的繁华所在,分布着钞关、鳌头矶、清真寺、二闸口、问津桥、会通桥、月径桥等重要运河古建筑,以及大宁寺、工部营缮分司、县治等遗址。

六、聊城

聊城位于鲁西平原,毗邻河南、河北两省,属于黄河下游外积平原区。聊城自秦设县,后因水灾,治所时有迁徙。宋熙宁年间筑土城,元、明、清时期一直是东昌府府治所在地,城市历史悠久。借漕运之利,聊城成为运河沿线的"江北一都会"。

聊城与运河的关系源于元代会通河的疏通。至元二十六年(1289)开凿的会通河起自东平路须城县(今山东东平)安山西南,北至临清达御河,全长125余千米。明洪武初年,朝廷设平山卫和东昌卫驻扎于东昌。明永乐十二年(1414),会通河疏浚后,在聊城修建龙湾护堤,并先后修龙湾减水闸、官窑口减水闸、东昌驿北侧减水闸,将东关通济桥改为通济闸,并建永通闸(辛闸)、梁乡闸、土闸等。清中期以后,运河淤塞严重,朝廷每年必以巨款维修挑挖。漕运停止后,聊城以南到黄河的河道无法通航。

运河开通促进了南北经济及文化的融合与发展,穿城而过的运河给聊城带来长达400年的繁荣。聊城城内运河全长5千米,南起龙湾,北到北坝。万历《东昌府志》记载:"聊城为府治,居杂武校,服食器用竟崇鲜华。"城内主要码头有崇武驿码头、小码头、启秀楼码头。崇武驿码头又被称为大码头,是东昌境内最早的官用码头。因会通河自东关通过,因此南北商人多在此地设立总栈,收购聊城及其他各县所产乌枣、棉花和烟叶等,再通过运河运往天津、镇江等地。聊城作为东昌府治及运河城市,吸引了全国各地商帮聚集于此,活跃在聊城的商帮包括辽东商人、安徽商人、山陕商人、江苏商人、江西商人、浙江商人、闽广商人等,他们以通济闸(今称闸口)为中心,在运河沿岸建立了"山陕""苏州""浙江""江西"等八大会馆。清中期,聊城境内的商行、商号主要经营棉布、典当、衣饰皮货、印刷、毛笔制作、酿酒、药材等行当。

聊城现存运河相关名胜古迹有山陕会馆、光岳楼、海源阁、周家店船闸及运河大小码头等。

聊城山陕会馆

七、济宁

济宁,古称任城,元代改称济宁并沿用至今。济宁位于鲁西南地区,处于大运河的中枢地段,"南控徐沛、北接汶泗",受到历代政府的重视。《济宁直隶州志》中说,济宁"五方之会,骛于纷华,与邹鲁间稍殊",此"稍殊"之处就在于其与其他北方运河城市相比,具有某些江南特色。《竹枝词》曰:"济宁人号小苏州,城面青山州枕流。宣阜门前争眺望,云帆无数傍人舟……城中阛阓杂嚣尘,城外人家接水滨。红日一竿晨起候,通衢多是卖鱼人。"

元至元二十年(1283),兵部尚书李奥鲁赤奉旨开凿了自任城穿洸、导汶泗至安民长约 75 千米的济州河;至元二十六年(1289),又开挖从东平北至临清的会通河;此后再于宁阳堽城筑坝截汶水入济宁天井闸以济运,自此京杭运河全线畅通。由于济宁地处京杭大运河的中枢河段,地形高低悬殊,在运河开凿和航运过程中面临水源不足以及黄河决溢、运道淤塞等问题。因此,济宁段运河成为廷议和实施河工工程的重要区域。明清两代,济宁段运河进行了多次改造,建立了一系列工程,如南旺分水枢纽工程、漕运新渠工程和多处闸座。

早在运河贯通之前,济宁已经是一座重要的区域性城市,唐代诗人李白、杜甫都曾到过济宁。明代中期大运河畅通后,济宁更是发展成为一座商业性都会,城市规模不断扩大。在城南靠近运河码头一带,形成了周围长达 16 千米的郭城商业区。作为转运贸易的主要码头,济宁也是鲁西南地区最大的商货集散地。当时兖州府地区所用的江南之材、服饰、器用等商品货物,全由济宁转输而来,而鲁西南生产的烟草、苘麻、棉花、梨枣、毛皮、药材、粮食等,也都运集济宁,通过运河转输江南等地。济宁城区主要有粮食业、皮毛业、药材业、食油业、杂货业、北果业、竹器业、茶叶业、布业、文具业、陶瓷业、食盐业、金融业、饮食服务业等近 20 个行业,产生了许多著名商号,诸如人和粮行、源成皮行、玉堂酱菜等。

济宁现存运河相关遗产包括南旺分水枢纽工程遗址(十里闸、邢通斗门遗址、徐建口斗门遗址、运河砖砌河堤、柳林闸、寺前铺闸、南旺分水龙王庙遗址)、会通河南旺枢纽段、会通河利建闸、会通河微山段(微山南阳镇—利建闸河段)、小汶河等 11 处。

八、台儿庄

台儿庄,地处苏鲁两省交界处,地势西高东低,西南部多山丘,北部为平原,中部和东部较为低洼,是山东运河的南大门。大运河、伊家河由西向东并行流贯其中,大沙河、陶沟河分别于台儿庄的中部、东部自北而南注入运河。明代后期至清代,台儿庄是南北货物的重要集散地,素有"鲁南重镇"之称。

台儿庄与运河的关联起始于明末泇河的开凿。泇河,又称韩庄运河,呈东西走向,为南北走向的京杭大运河最大的一段弯道。万历三十二年(1604),京杭大运河改道由济宁经微山湖向东经韩庄、台儿庄南下。泇河开通后,朝廷于台儿庄段运河沿岸置邮驿、设兵巡、增河官、立公署。万历三十四年(1606)台儿庄设巡检司后,领韩庄至邳州运河段130余千米河务,兼理地方治安。自此,台儿庄成为峄县的经济中心、军事中心和次政治中心。

泇河开通后,台儿庄由原本荒凉的小村逐渐发展成为运河上的水旱码头和商贸重镇,城镇规模迅速发展扩大。清代康乾年间,台儿庄进入鼎盛时期,不仅是运河上的漕运枢纽、水旱码头,沟通苏、鲁、豫、皖乃至江淮、浙沪地区,而且成为鲁南苏北一带农副产品的重要集散地。康、乾二帝各自"六下江南"巡视,每经水路,必在台儿庄停泊登岸下榻或巡游。乾隆在第四次南巡经过台儿庄时,留下了"天下第一庄"的御笔。台儿庄商业繁荣,规模较大的商业有同仁百货店、复兴杂货店、恒之兴棉布店、中和堂药店、孙家酒店、裕康酒店、徐家瓷器店、协兴东铁货店、曹家棒场、豫祥酱园和彭家饭店等。无字号的私商小店摊铺遍及街巷。现存保留下来的有越河街、丁字街等古运河商业街。2013年8月5日,台儿庄古城重建项目竣工,形成面积2平方千米,包括11个功能分区、8大景区和29个景点,集"运河文化"和"大战文化"为一城的古城区,成为大运河世界文化遗产重建城市和山东运河段极具人文魅力的旅游目的地。

九、徐州

徐州,古称彭城,地处华北平原东南部,京杭运河中段,东有沂、沭诸水及骆马湖,西有大沙河及微山湖,黄河和运河在此交汇,有"九州传输""五省通衢"之称。

徐州段运河历史悠久。自南宋建炎二年(1128)黄河夺泗入淮,黄河流经徐州700余年。元代将原来济宁至徐州泗水河道和徐州至淮安河道作为漕运河道的一部分,纳入南北漕运系统。明代前期延续了徐州段运、黄运合一的特点。因徐州运道不断受到黄水冲击,为避黄保运,明清两代相继在徐州及其附近地区开挖了南阳新河、泇河和中河等运道,其中,以泇河的开凿对徐州影响最大。自明万历年间泇河通航以后,经由徐州北上的漕船数量大为减少,徐州的漕运中心地位略有降低。天启四年(1624),徐州城遭受了历史上最严重的水灾,整个城市被埋在地下十几米处,形成了今天徐州城下有城的奇观。

运河的畅通和漕运中转,促进了徐州经济的发展。明永乐十三年(1415),政府在徐州建广运仓,设彭城驿站、吕梁洪工部分司、钞关等机构。城内商业发达,店肆林立,街巷交错,形成"街十四、坊二十一"的格局。明代中期,许多百姓搬至城外滨河而居,促使徐州城市规模扩大,总体呈现城市南迁、沿河拓展的趋势。崔溥在《漂海录》中记载徐州"物华丰阜,可比江南"。泇河开通后,徐州商业受到一定影响,外地商人纷纷撤离,以前从事码头服务业、搬运业的人员或失业或转移他处,流动人员大量减少。

现存明清时期水利工程建筑包括故黄河护城石堤、荆山桥遗址、《疏凿吕梁洪记》碑、韩坝闸、周庄闸、广运仓遗址等30余处。

十、淮安

淮安位于江苏省中北部,江淮平原东部。淮安上通齐鲁,下接江淮,处于京杭大运河的中枢位置,为南北水陆通衢。淮安段有不同时期开凿的运河航道遗存,主要包括邗沟北段、泗水故道、龟山运河、盐河、太平河、张福河、老涧河、六塘河、通济渠(汴河)、沙河运河、洪泽新河、山阳等。

在历史变迁过程中,运河淮安段与淮河、泗水、黄河形成了交汇之势,洪泽湖为运河航道提供了丰富的水源。春秋时期,吴王夫差开邗沟,南起扬州,北至淮安市淮安区古末口附近,为沟通长江、淮河与长江流域的重要水道。隋炀帝开江南运河后,在淮安设立漕运转运署,唐宋两代设江淮转运使。明永乐十三年(1415),漕运总兵官陈瑄徇北宋沙河故道开凿清江浦,即今淮安市区古运河,并在河道上递建移风、板闸、清江等5座节制闸。明、清两代均在淮安设漕运总督衙门,促使该城成为全国漕运指挥和河道治理中心。由于水环境复杂,明清以来朝廷治水的重点在清口。历代治河名臣留下了诸如"束水攻沙""分黄助清"等治河方略。清代康熙、乾隆两代皇帝也多次南巡清口阅视河务,足可见淮安在运河中的重要地位。

作为漕运枢纽、漕船制造及淮北盐散中心,淮安是区域内乃至整个运河航运的节点性城市。城内衙署林立、河官员众多。明永乐年间,朝廷在清江浦设立常盈仓,后改为丰济仓。该仓是全国囤积漕粮的四大名仓之一。淮安商业发达,具有农产品、棉纺织、丝织品、油类、酒类、干鲜果品、纸张、铁铜器等种类齐全的商业市场,城内有许多专业性商业街巷和市场,诸如铁钉巷、罗家桥市、茶巷、千鱼巷、西湖嘴市等。

淮安现存运河相关遗址包括漕运总督府、末口遗址、古运河石堤、淮安钞关遗址、勺湖碑园、矶心闸、板闸、龙光闸、萧湖、月湖、盘粮厅遗址、龙光阁遗址等。

十一、扬州

扬州古称广陵、江都、维扬,有"中国运河第一城"之美誉。春秋时期,吴王夫差欲北上与晋争霸,为解决进军路线问题,借鉴了楚国发展航运的技术和经验,从邗地开始,把几个湖泊连接起来,开凿了一条贯通长江和淮河的水道,此即邗沟。邗城即位于邗沟节点处的重要堡垒。隋炀帝时期疏凿邗沟、江南运河,扬州成为全国最重要的水陆交通中心之一。沿运河向北可达中原地区,向南为太湖流域,沿江溯流向西可至荆楚、巴蜀,顺流向东则是长江口,海外的船只亦可至扬州。唐代江南各地由水路运来的物资,抵达扬州后再换船北运,促使其成为了江南各地北运物资的水路转运中心,也是唐政府财富聚集地。明朝对运河进行了大规模整治。弘治至万历元年,为避邵阳湖及高邮湖之险,高邮湖旁新开多条人工河道。至此,淮南运河成为一条南北直通的运道,而古运河扬州段附近的河道变成了扬州和运河干道联系的一条支流,但清代扬州地位依然显赫,兼有漕、盐、河三者之利。

隋朝通济渠开通后,洛阳到扬州的水路十分便利。唐代扬州成为国际性都市与国内最大的商业都市之一。唐代刘晏改革盐法后,盐业是扬州商业繁荣的重要支柱,并带动了其他行业的发展,诸如茶叶、丝绸、药材、瓷器、手工业等。扬州是唐代的"特大"城市之一,时人称"扬一益二",十分繁华。明、清时期扬州依然是南漕北运的咽喉和国家中部各省食盐的供应基地与集散地,经济繁荣,至乾隆朝达到极盛,"四方豪商大贾,麟集麇至,侨寄户口居者,不下数十万"。

2014年大运河申遗成功,扬州共有10个遗产点、6段运河河道列入《世界遗产名录》,遗产点包括刘堡减水闸、盂城驿、邵伯古堤、邵伯码头、瘦西湖、天宁寺行宫、个园、汪鲁门宅、卢绍绪盐商住宅、盐宗庙。6段河道为古邗沟故道、高邮明清大运河故道、邵伯明清大运河故道、里运河、扬州古运河、瓜洲运河。

十二、苏州

苏州,古称姑苏、平江,地处华东地区、江苏东南部。京杭大运河苏州段西北起于苏州与无锡两市交界的沙墩港,南至江浙两省交界的王江泾,长约82千米。

苏州运河最早开凿于春秋末年。吴王夫差利用自然水系,开凿经苏州望亭、无锡至常州的河道。汉武帝时期,又于苏州以南沿太湖东缘的沼泽地带开挖苏州至嘉兴之间长百余里的河道。三国时期,为便于米粮运输,孙吴开凿了建业(今南京)至吴郡、会稽(今绍兴)间的破冈渎运河。隋大业六年(610),隋炀帝开凿江南运河。苏州成为江南运河中段的交通枢纽,通过胥江可直至太湖,沿吴淞江可达东南沿海,沿长江而上又可通内地州县。由于苏州地处江南运河中段,地势低洼,是太湖泄水之地,自唐代始便在这一带架桥筑堤。宋代以后,苏州成为提供国家赋税最多的地区之一,素有"苏湖熟,天下足"的谚语。

凭借以运河为主的四通八达的水陆交通优势,苏州成为全国工商业中心和商品集散中心之一,涉及丝绸业、棉花棉布业、染料业、烟草业、皮业、麻行等各行各业。这些行业的发展,不仅带动了本地商业的繁荣,而且也吸引了大量外地客来此经商,徽商、晋商、齐商、闽商等商帮来苏进行贸易,经营丝、杂粮、盐、木材、纸墨、金融、裘皮等。明、清时期,苏州也是全国重要的文化中心,社会繁荣,大量文人墨客、鉴赏家、古董商及手工匠人聚集于此,生产出各种工艺水平较高的产品,被称为苏造、苏式、苏样、苏派等。例如,苏州生产的家具、刺绣、玉器、乐器、戏服和桃花坞木版年画等都盛极一时。这些产品通过运河运往北方,进入宫廷,决定着上层社会的审美取向,甚至引领了全国的时尚。

苏州现存运河文化遗产包括城区运河故道和现京杭运河苏州至吴江段的河道、山虎丘云岩寺塔、全晋会馆、宝带桥、吴江古纤道等。

苏州古城区

十三、杭州

杭州,古称临安、钱塘,地处钱塘江下游,是京杭大运河的最南端,又是浙东运河的北起点。京杭大运河杭州段,北起塘栖,南至三堡,长 39 千米,贯穿杭州市余杭、拱墅、下城、江干 4 个城区。

大运河杭州段的开凿史可追溯到春秋时期,属于吴国阖闾、夫差在太湖地区陆续开凿的运河之一。秦始皇统一六国后,疏通由姑苏(今苏州)至钱塘(今杭州)的水运通道,《越绝书·吴地传》记:"治陵水道到钱塘越地,通浙江。"隋代开凿大运河的过程中,加宽了江南运河河道,从镇江绕太湖东边直达杭州。自此,杭州成为运河南端,政治地位得到提升和巩固。此后历代朝廷都注重对杭州运河的开发和治理。明宣德四年(1429),朝廷在北新桥附近设立钞关,以收取运河上的船料钞,后兼收商税。

运河的畅通带动了杭州地方经济的发展。唐宋时期,杭州已是著名的对外贸易港口,日本、朝鲜、大食(阿拉伯帝国)、波斯(伊朗古称)等国商人来往不绝。宋代漕运兴盛,形成了以杭州为中心的东南水运枢纽。元、明、清三朝定都北京,京师百货供给皆仰仗江南。杭州为南方贸易中心,包括纺织、造船、印刷在内的传统手工业逐步呈现出规模化特点。在外运货物中，除本地生产的丝织、锡箔、纸品及其他日用杂物外，还有来自湖州的绉纱、毛笔，嘉兴的铜炉，绍兴的老酒等，通过运河或海运向各地转贩。明清时期，杭州形成了独具特色的码头和市镇，如夹城巷市、归锦桥市以米市交易为主；德胜桥市、拱宸桥市以百货为主；松木场市、昭庆寺市以香市为主。

杭州现存运河文化遗产有拱宸桥、广济桥、富义仓、凤山水城门遗址、桥西历史文化街区、西兴过塘行码头等 6 处遗产点，以及杭州塘、上塘河、杭州中河、龙山河和西兴运河等 5 段运河。

杭州北新关遗址

第二节　隋唐大运河城市

一、洛阳

洛阳地处河南省西部，黄河中游的南岸，先后有夏、商、西周、东周、东汉等13 个王朝建都于此，是我国八大古都中建都最早、建都朝代最多、建都时间最长、居住帝王最多的古代都城。"昔三代之居，皆在河洛之间。"早在夏、商、周时期，以洛阳为中心的河洛地区就是中华文明的起源地。隋朝所开通济渠自西苑引谷、洛水达于黄河，又自板渚引黄河通于淮河，形成以洛阳为中心，南达余杭，北通涿郡的隋唐大运河。

唐代的几位皇帝如唐高宗、武则天和唐玄宗都三番五次行幸东都洛阳，关心运河的通达。武则天更是对洛阳偏爱有加,不仅改东都洛阳为"神都",而且一生在洛阳生活49年之久。"安史之乱"前,唐代对关中漕渠、汴河山阳渎、永济渠、江南运河等都进行过整修。直到天宝十四年(755)"安史之乱"爆发,洛阳都是大运河的中心。为了储备通过大运河运来的粮食,隋、唐王朝在洛阳附近相继修建了洛口仓、回洛仓及含嘉仓等大型官仓。这些粮仓都承担着为关中地区储存和供应粮食的重任。

政治中心地位的巩固和漕运中心的形成,使洛阳成为当时全国商品贸易的中心。每年有大量来自河南、河北以及东南地区的租税以及丝绸等商品通过运河源源不断地运输到这里,洛阳成为重要的粮食布帛的贮藏地、瓷器的集散地和茶叶的转输地。洛阳城内洛水南北相继出现了丰都、通远、大同、新潭等商业区。洛阳也是国际商品贸易的中心。胡人东来不仅带来了西域的物产,也将大量经运河汇集于洛阳的江南物资转运到西域。东亚、东南亚的多国使者、商人把海外物产通过"海上丝绸之路"和大运河交流到洛阳,也将西域物产、中原特产带回本国,洛阳成为沟通中亚和欧洲的桥梁与枢纽,也成为连接"一带一路"的枢纽。

二、开封

开封位于河南东部、中原腹地,古称汴州、汴梁、汴京,汴河东西横贯城池。先后有夏朝,战国时期的魏国,五代时期的后梁、后晋、后汉、后周,宋朝以及金朝在此定都,素有八朝古都之称。

公元前361年,魏惠王迁都大梁(今开封),引黄河水入圃田泽(今郑州圃田)开凿鸿沟联结黄河与淮河。大梁成为四通八达的水陆要冲,在短短十几年间,一跃成为经济发达、人口众多、富甲中原的商业大都市。大梁(今开封)为都城的百余年间,聚集了诸侯各国的学者名人,成为战国中后期独特的政治、学术中心。秦统一六国后,大梁被降为浚仪县。公元534年东魏孝静帝时,设立梁州,辖陈留、开封、阳夏三郡。北周武帝时,改梁州为汴州,是为开封称"汴"之始。继隋炀帝开凿通济渠后,位于汴河要冲的汴州借运河之利迅速发展,西通河洛,南达江淮,成为维系隋王朝东都洛阳与西都西安,沟通江淮的东大门。至唐代,汴州发展成为水陆便捷的大都会。五代时期的后唐、后梁、后晋、后汉、后周都先后定都于此,称之为"东都"或"东京"。北宋依托发达的汴河水运定都开封,城内河流系统发达,史称"四水贯都"。这四条河流分别指汴河、蔡河、五丈河和金水河。外城、内城和宫城的城墙外都有护城河。以上四水相对独立,又通过护城河相互沟通,水运网络非常科学和便捷。金元之际,黄河改道,汴河日渐淤没,并彻底废毁,开封作为都城的历史也因此终结。

北宋时,都城开封人口繁多、经济繁荣,经济水平达到当时世界的先进水平。张择端的名画《清明上河图》就对都城开封的河道货船、街市店铺、市井民俗等进行了细致的描摹。画面中有城内运载东南粮米财货的漕船正在通过汴河桥涵,汴河上店铺林立、市民熙来攘往;有家家满座的酒楼茶肆、听曲看戏的瓦舍;生活于其间的市民,悠然自得又忙碌,整个城市弥漫着诗酒宴乐、娱情适性的情调。

张择端《清明上河图》(局部)

第三节　浙东运河城市

一、绍兴

绍兴位于浙江省东北部,会稽山北麓。浙东运河自钱清镇入绍兴境,向东经柯桥、绍兴城、陶堰,过曹娥江后,分为南北两支:南支经梁湖、丰惠,进入宁波余姚；北支经百官、驿亭进入余姚，全长 101.4 千米。

大运河（绍兴段）的历史最早可以追溯到春秋晚期，于越民族以今绍兴一带为中心建立越国，成为春秋列国之一，都城即为会稽（因会稽山而得名）。越国首先开通了山阴故水道。东汉永和五年（140），会稽郡太守马臻主持修建鉴湖，又沟通周边地区的重要水道。西晋永嘉元年（307），会稽内史贺循开凿了从西陵（今萧山西兴）至绍兴古城的运河。隋大业六年（610）炀帝开江南运河，绍兴段运河与京杭大运河相连接。唐元和十年（815），朝廷兴修了从越州沿浙东运河至萧山的运道塘。南宋时期，以临安（今杭州）为都城，大力修整浙东运河，实行军事化管理，运河工程及管理制度逐渐完备。明永乐九年（1411），开凿上虞十八里河，进一步提升了浙东运河的局部运输能力。清代中期以后，因浙东运河管理设施裁撤较多，绍兴运河运输能力减弱，交通地位下降。

绍兴水网密集，物产丰饶，是典型的江南水乡城市。东晋、南朝时期，绍兴是当时最富庶的区域之一，同时也是浙江乃至东南的文化中心。唐代的绍兴经济繁荣，曾任越州刺史的元稹用"会稽天下本无俦"的诗句来赞美绍兴。元和十年（815），孟简兴修运道塘后，交通进一步通畅。南宋建炎四年（1130），时宋高宗驻跸越州，取"绍奕世之宏休，兴百年之丕绪"之意，改越州为绍兴。整个南宋时期，绍兴"堰限江河，津通漕输，航瓯（温州）舶闽（福建），浮鄞（宁波）达吴（江苏）"，水上运输十分繁荣。绍兴的城市布局受河道影响较大，人们在河道两侧或临水筑屋，或临河设街、沿街建屋，逐渐形成有河无街、一河一街、二街夹一河的布局形式。

绍兴现存运河相关遗产有浙东运河萧山至绍兴段、八字桥、古纤道、驿亭坝等。

二、宁波

大运河（宁波段）位于中国大运河最南端。宁波是中国大运河内河航运通道与外海连接的枢纽城市，自公元 9 世纪初到 19 世纪中叶的 1000 多年中，宁波（古明州，明代为避讳明朝之"明"字，改明州为宁波，取"海定则波宁"之意）处于独特的地理位置之上，连接中国大运河（浙东段）和"海上丝路"，是世界闻名的"东方商都"。浙东运河（宁波段）具有自然江河与人工塘河并行结合、复线运行的特点，形成了灌溉蓄泄、通航水运合一的网络格局。为保证大运河的安全通航,古代曾沿大运河(宁波段)修建了比较完整的国防(海防)军事体系。自隋唐时期开始,宁波各地的河渠以州治为中心呈放射状,即"三江六塘河",内河水网逐渐形成。直至民国时期,内河航运依旧通畅。

宁波段运河通江达海,联内畅外,是古代中外经济文化交融的黄金水道。唐代设州治于三江口,明州为全国四大港口之一。北宋年间,宁波运河是连通内陆运河航运与海外交通的重要水道,与广州、泉州并称为三大海港。宋人张津在《乾道四明图经》中说:"明之为州,实越之东郊,观舆地图,则僻在一隅,虽非都会乃海道辐辏之地,故南则闽广,东则倭人,北则高句丽,商舶往来,物货丰衍。"城中设有高丽和波斯等国使馆、市舶提举司、市舶务厅事等,海上贸易的对象有日本、高丽、占城、安南、苏门答腊、爪哇、暹罗等国。

浙东运河与自然河流交汇,与大海连接,自河姆渡文化开始,以姚江、慈江为主干的宁波水网体系就成为宁波先民赖以生存的根本,也培养了浙东人开拓的意识和经世致用的思想。茶、瓷贸易与佛教文化成为唐、宋、元三代宁波与东亚诸国交流的重要媒介。日本的遣唐使多次在明州登陆,如阿倍仲麻吕、学问僧最澄、空海等都曾经宁波港进出,将中国的文化带到日本或者韩国。宁波还是江浙两地沿运河城镇地方戏曲的产生和传播地之一,涌现出了甬剧、越剧、姚剧、四明南词、宁波走书等戏曲艺术并流传至今。

宁波现存运河文化遗产有宁波上虞—余姚段河道,浙东运河宁波段和宁波三江口。位于宁波三江口东岸的庆安会馆也被列入遗存,是宁波北方舶商船工聚会以及航运行业日常办公、议事的场所。

第五章　运河民俗与文化

大运河不仅是物资的运输通道,也是文化传播和交流的重要渠道。大运河的畅通,使得运河区域的民风民俗发生了显著变化。运河区域的社会状况、风土人情及名胜古迹等为小说、诗文和民间文学的创作提供了重要素材,成为滋养运河文学的丰厚土壤。大运河孕育了丰富灿烂的物质文化遗产,同时孕育了饮食文化、工艺美术、音乐舞蹈、武术杂技等非物质文化遗产。这些遗产与运河关系密切,成为运河发展变迁的历史见证。

第一节　民风与民俗

运河的贯通在使沿线区域经济繁荣的同时,深深地影响着人们的社会生活观念,改变着人们的生存环境以及生活方式,也带来社会习俗的重大变化。中国五千多年的文明始终以农耕文明为主要表现形式,世风淳朴,特别是自汉代儒学独尊,儒家的"君子重于义,小人重于利"的义利观,成为中华民族的主流文化价值观。但是,大运河的贯通和漕运的兴起使得运河两岸商贸物流各业日益繁荣,因此,运河区域也就成为中国封建社会时期最为富裕的地区之一。随着物资、文化的交流与人员的流动,运河区域原有的治生方式、民风民俗等也悄然改变,运河两岸城乡社会生活中的市井文化色彩大大加强,出现了许多不同于以往传统风俗的新气象。

一、重商与奢靡之风

伴随运河的开通与商贸活动的频繁,运河区域传统的民风民俗受到了前所未有的冲击,引起了深入而广泛的社会变革。其中,山东运河区域的民风变化尤为显著。中国几千年的传统价值观念是"重义轻利",尤其是山东这个"孔孟之邦",形成了以重农轻商、循规蹈矩和安贫乐道为核心的思想观念与生活方式。受小农经济的制约与孔孟伦理纲常思想的影响,这一区域民风一向质朴。嘉靖《兖州府志》称,兖州府治滋阳有先圣贤之风,百姓多从事农业,不从事商业及其他营生。兖州府属县多沾孔孟之道教化,风俗淳美者为多,如嘉祥县风俗淳厚,民多务本;峄县民风简朴,百姓务稼穑,士人循循慕学有古风;金乡县、汶上县等地亦是如此。《明一统志》记载东昌府民风也是风俗淳厚,家家知礼谦逊,习俗节俭,人多读书。其府治聊城县也是百姓务织稿为生,不喜为吏,嫁娶不论财帛;武城县百姓"以蚕绩耕稼为业,奉法远罪"。总之,在明中期以前,山东运河区域是一派民务耕读、朴厚俭约的恬淡景象。

自运河贯通以来,尤其是明中叶以后,随着商品经济在运河区域的发展与运河城镇的崛起,社会各阶层自觉或不自觉地被卷入了市场,金钱交易深入日常生活的各个方面,民众"重农轻商"的思想发生了变化,开始重视商业,并部分形成了经商的治生方式。在市场价值规律的作用下,山东人奉为圭臬的"重义轻利"的价值观念受到了强烈冲击,人们变得重视钱财,追求"末利",山东运河区域出现了一股"重商重利"之风。明代以前,山东运河区域的士人们对经商逐利不屑一顾。如果有人逐利经商,就会被人嘲笑、瞧不起。明中期以后,社会风气则变为读书人也"弃义而逐利"了。兖州府古为君子之国,到了明朝,万历《兖州府志》描述当地的风俗为"民逐末利"。在济宁,不仅穷苦贫民经商为生,甚至连一些高官显贵、缙绅士大夫之家,也都在追逐货利。明朝后期,济宁形成了颇有名气的地域性商帮——济宁商帮,参与全省乃至全国范围内的商品交易活动。清代济宁的经商之风更加兴盛,上自缙绅世家,下至贩夫走卒,均被卷入经商大潮。峄县在弘治、正德以前"人情简朴,务稼穑",正德以后风气渐变,嘉靖、万历年间已变得"民弃本业好浮游";到清代乾、嘉时期,峄县更是"商贾辐凑",当地人以所产之煤与外商交易,获利颇丰。济宁北面的汶上县,本来勤于稼穑,自漕运贯通,也开始"仰食机利"。总之,由明中期到清前期,在山东运河区域逐末经商已成为社会各阶层趋之若鹜的潮流,重本轻末的传统观念渐渐为"不贱商贾"的新观念所取代。重商逐利之风在山东运河区域蔓延,成为明清时期运河区域社会风俗的新风尚。

随着经济的发展、民众生活的日益富裕,山东运河区域开始出现奢靡之风。由于漕运的畅通,人流、物流周转的频繁,沿运城镇如济宁、张秋、临清等,都变得繁华起来。例如,济宁有"江北小苏州"之称;临清、张秋与苏杭齐名,有"南有苏杭,北有临张"之美誉。繁华起来的山东运河区域的民风民俗也出现了由俭入奢的转变。乾隆《临清州志》中有大量关于百姓日常生活中歌舞宴饮、民俗礼仪中违礼越制的记载。东昌府风俗历来"务织穑",成化年间尚"服食朴素",至嘉靖间"生齿日繁,盖藏露积",开始出现侈靡不伦现象:"里党宴会,少长不均,茵席而坐。隆庆后,风恣侈靡,庶民转相仿效,器服诡不中度。"其中,此现象以"濒河诸城尤甚"。①

二、嗜酒与尚武之风

运河两岸的酿酒业都很发达,而且历史悠久。因此,运河两岸饮酒之风盛

---

① (清)陈梦雷,蒋廷锡等辑《古今图书集成·方舆汇编·职方典》卷254《东昌府风俗考》,中华书局1986年影印本,第10 050页。

行于社会的各个阶层：官员商贾，以酒作乐，恣意享受；义士豪杰，以酒敬祭，替天行道；文人雅士，把酒问月，以酒会友；贩夫走卒，借酒消愁，去乏解困；闺阁妇人，饮酒消遣，孤芳自赏。因南北地域之不同，饮酒之风也有明显的南北之别。北方尚武之人喜欢豪饮高度烈酒，江南人则好于诗情画意之中浅尝细品低度的女儿红、状元红一类的黄酒。

北方运河区域，尤其是山东运河区域的饮酒之俗有着明显的"尚武"之风。这种习俗的形成，既可以溯源于一定的历史传统，也与这一带特殊自然环境密切相关，同时与大运河的兴衰有关。山东人以善饮出名，是基于此地既有发达的酿酒产业，又有豪饮的名流侠士，还有民间百姓男女老幼多善饮酒的浓厚世情的。成书于明代的小说《金瓶梅》中，西门庆从一登场到死亡，几乎无日不饮酒。他的那帮狐朋狗友也是日日笙歌征酒。就连西门庆的妻妾们，饮酒消闲也是常事，在相当程度上反映了明清山东运河城镇的饮酒之风。临清州志中也毫不掩饰当地人对酒的迷恋，称"暇则置酒征歌，连日夜不休"。喜欢喝酒，喝白酒，喝烈性的高粱酒，是山东特别是鲁西这一区域人们的群体特征。

京杭大运河全长1700多千米，官家商船常年往来不断。为保证货物和人员的安全，要求护送人员必须具有超群的武功技艺，这就促使了镖行的兴盛，形成了运河沿途的尚武风气。运河沿岸镖局林立，北京是当时镖局的中心，沧州是走镖的要道，"镖不喊沧州"成为南北镖行同遵的常规。北京顺源镖局的镖头、人称"大刀王五"的王正谊，就是沧州人。明清时期山东运河区域尚武风气也很盛行。历史上，这一地区好汉辈出，民风剽悍，男女老幼皆有习武艺、善拳脚的风气，是大刀会、义和拳、红灯照的故乡。此地的尚武之风直到民国年间仍很兴盛，并涌现出众多赫赫有名的武林高手。此外，山东运河区域还产生了数量众多的武举人，这一带武举与文举的比例不仅高于山东省的平均数字，而且在全国也是名列前茅的。

第二节　文学作品

明清文学的发展、繁荣与贯穿南北的京杭大运河有着极为密切的关系。运河区域城镇的市井生活为明清通俗小说的创作提供了大量的素材，运河沿岸的城镇往往成为故事的发生地或发展地。运河诗文是运河文化的重要组成部分，运河区域的社会状况、运河两岸的风土人情及名胜古迹等都为运河诗文创作提供了丰富的素材。

一、运河与明清通俗文学

明清时期，随着城市生活的丰富和市民文化的发展，小说逐渐走向繁荣，《红楼梦》《三国演义》《水浒传》《西游记》是其中的杰出代表。值得注意的是，这四大古典文学名著均诞生于运河地区，其作者、成书背景、内容莫不与运河沿岸的生活和文化密切相关。

从四大名著的作者来看，他们或出生于运河区域，或长期在运河地区生活。《水浒传》作者施耐庵，江苏兴化人，长期隐居山阳（今江苏淮安），据说寄寓于淮安西门城内土地祠后。《三国演义》作者罗贯中，传为施耐庵的学生，曾追随施耐庵隐居山阳，施、罗二人常悠游于山阳萧湖、勺湖、马家荡、蓼儿洼的芦苇沼泽之间，与渔民、市民交往密切，广泛搜集创作素材，还曾实地考察水泊梁山。《西游记》作者吴承恩，出生于由书香门第没落为小商人的家庭，祖籍江苏涟水，后迁居淮安，居住在河下镇打铜巷。《红梦楼》作者曹雪芹，满洲正白旗人，祖父、父亲皆为江宁织造，负责宫廷绫罗绸缎的制造供给，经常从江宁、苏州等地沿运河护送丝织品进京，对运河沿线了如指掌。曹雪芹从小耳濡目染，对运河商贾文化与市井风情也十分熟悉。

从四大名著的内容来看，《水浒传》与《红楼梦》同运河的关系最为密切，记述也最为丰富，成为今天研究运河历史文化的重要参考资料。《水浒传》所叙宋江起义的故事发生在运河岸边的水泊梁山。当时梁山泊"山排巨浪，水接遥天。乱芦攒万万队刀枪，怪树列千千层剑戟。……战船来往，一周回埋伏有芦花；深港停藏，四壁下窝盘多草木"（第 11 回）。"八百里梁山泊"在历代读者心中留下了深深印象。《红楼梦》通过描绘几大家族的兴衰，反映出当时运河城市的社会状况和风俗文化。

运河区域还涌现出"三言""二拍"和《聊斋志异》《儒林外史》《老残游记》等精品小说，作者大多为运河区域生活的文人，作品多反映运河区域丰富多彩的社会生活。"三言"作者冯梦龙，江苏长洲（今江苏苏州）人；"二拍"作者凌濛初，浙江乌程（今浙江湖州）人。"三言""二拍"所收明代拟话本小说，尤其是冯、凌二人的自创小说,比较集中地反映了明代运河沿岸的商贾文化。《儒林外史》是一部杰出的现实主义长篇讽刺小说,由清代吴敬梓所作。其正文(第二回)故事并未从描写的中心地江淮开始,反而从他并不熟悉的"山东汶上"写起,其中大有深意。历史上的汶上县是运河流经的重要区域,著名的南旺分水枢纽工程就在其境内。此地是除鲁都曲阜之外,与《儒林外史》之"儒"关系最为密切的地方。《老残游记》作者刘鹗为江苏丹徒(今江苏镇江)人。《聊斋》中"胭脂"故事的发生地点,即在运河城市东昌府(今山东聊城)。

二、运河诗文

　　没有运河,就没有运河诗文。运河诗文是明清诗文的重要组成部分,也是有关运河的重要文献,它既大大丰富了明清诗文的内容,也具有较大的史料价值和文化价值。由于大运河是从南方北上京城的必经之路,也是漕粮运输的主要干道,流动人口数量十分庞大,为运河诗文创作奠定了主体基础。相对长江以南运河河道来说,长江以北河道尤其是山东段运河河道曲折,水量不足,行运困难。对于运河河道的开挖修治、沿线船闸堤坝建设、漕粮运输、运河市镇的社会状况、运河两岸的风土人情及名胜古迹等都为运河诗文创作提供了丰富的素材。

　　山东段运河河道曲折、水源不足,常患水浅。如果遭遇浅阻,行程便会非常艰难,行人的心情也会变得焦灼和无奈。明代王世贞《卫河》之一"河流曲曲转,十里还相唤。那比下江船,扬帆忽不见"写出了山东运河北段借卫河行运,河道"曲折"、行船缓慢的特点。明代王大化的《东昌还》也写出了乘船行至东昌段运河的艰难,"百里真难行路难,草泥潦水上银鞍。鸣蛙莫道能成部,垂柳频教为整冠。暂借青蒲依寺坐,正愁红日隔林残。劳劳已冒乘危戒,合遣旁人笑漫官"。这段运河行程没有愉悦可言,羁旅愁思才是整首诗歌的主题。

　　山东运河行程之难,不仅难在水浅,而且还难在行船多、船闸多。在行船过程中,船只相碰,互相争道,闭闸蓄水,停船守候,都增加了船行的困难,也成为运河纪行诗经常描写的内容。明代程敏政《德州舟中》对行船艰难进行了细致的描述。因为运河为南北运输主动脉,明代每年数百万石漕粮均要由运河运输。漕船成队行进,往往给运河中的其他船只造成很大的不便。程敏政对漕船拥堵的景象进行了细致的描写,因为漕船太多,船只相连,以致"联樯密于指",

漕船的桅杆像手指一样紧密相排,他乘坐的小船只能"出逢漕中来,入逢漕中去",在漕船的夹缝中艰难行进,甚至到了"我舟无着处"的地步。更使作者无法忍受的是,漕船运军水手态度非常蛮横,"沿流或相妨,百诟亦难御",一旦自己乘坐的船只给漕船造成一点妨碍,他们就会恶语相加。在运河行程之中,不仅要忍受漕船运军的欺凌,而且他还要承受巨大的心理压力,以致于"危坐郁成晚,少寝警达曙",平日危然兀坐,晚上也睡得很少,时刻保持着高度的警惕,由此可见船行运河之艰辛。

"漕运之制,为中国大政。"为保证漕运畅通,运河航道的疏浚与治理也就成为国之大事。而开河筑堤、建闸修堰,均为耗费巨大人力、物力、财力的水利工程,其间无论是主事的官员,还是被征的河工,无不备感艰辛。这在诗家文人笔端也多有流露,如明万历年间曾在山东至天津段任工部郎中的谢肇淛在《挑河行》中真实记录了运河"水脊"南旺段河工挑河筑堤的艰辛生活与劳作场景。清人王士祯《秦邮曲》云:"今年孟冬河水干,万夫畚锸聚河干。行河使者黄符下,敢道无衣风雪寒?"此诗以平实之言,寥寥数语,记录了官府奴役下的河工饥寒辛苦的生活。

第三节　饮食与音乐

大运河纵贯南北,把中国江南的稻作区和北方的产麦区连在一起,成为南北饮食文化交流的重要渠道。各地的饮食材料、烹饪方法、风俗习惯在此交汇融合,丰富了运河区域的饮食生活,使得区域内的饮食风貌发生了显著变化。运河区域繁荣的经济、便利的交通也为南北音乐文化的交流提供了优越条件,促进了运河区域民间音乐文化的发展。

一、饮食文化

自大运河通航之后,运河沿线就孕育出特有的饮食文化。运河流域不同地区受当地自然地理条件与人文地理环境的影响,形成了风格迥异的饮食习惯,发展了各具特色的饮食文化。又因交通便利,南北独具特色的地方美食得以广泛传播,促使南北口味兼容、花样品种丰富的美食不断出现,各地旧有的饮食习惯随之有所改变。多元化的饮食风味,不同社会阶层的饮食状况,以及饮食风尚和思想观念等,构成了运河饮食文化,也成为运河区域绚丽生活画卷的一抹重彩。

大运河沿岸物产丰饶,市场繁荣,交通便利,风味名馔数不胜数。北京烤鸭、天津狗不理包子、德州扒鸡、济宁玉堂酱菜、淮安长鱼席、沛县鼋汁狗肉、扬州"三头宴"、苏州太湖三白、嘉兴粽子、西湖醋鱼等等,无不享誉海内外。在中国四大菜系中的鲁菜与淮扬菜的形成与发展过程中,运河所起的作用非常明显。

鲁菜,源于有"齐鲁之邦"之称的山东地区。该区域气候适宜,蔬菜水果种类丰富,东濒渤海、黄海,盛产海鲜,河湖多鱼,这些为烹饪美食提供了丰富的物质基础。鲁菜主要有济南菜、济宁菜、胶东菜。济南菜取材广泛,菜品繁多,擅长爆炒、烧、炸等技法,以清鲜脆嫩著称;济宁菜选料讲究,制作精细,以烹制河鲜及干鲜品见长;胶东菜习用爆、炸、蒸、扒等技法,口味鲜嫩清淡,以善制海鲜驰名。从文化背景看,鲁菜由古运河文化饮食区、齐鲁文化饮食区和海洋文化饮食区组成,而临清、济宁等沿运地区的饮食习惯和文化与其他两个地区有很大差异。运河对鲁菜的形成与地位的确立起到了重要作用。

淮扬菜,也称"维扬菜",是以扬州、淮安一带为中心形成的菜系。自隋炀帝开通运河后,扬州、淮安逐渐成为南北东西商运船舶会聚地,经济繁荣,其地的饮食很有特点。明中后期,随着一股讲究奢侈饮食风气的兴起,扬州、淮安成为达官贵人、富商大贾享受的中心,特别是"扬州饮食华侈,制度精巧,市肆百品,夸视江表"。到了清代,由于盐商、官僚、文人会聚,扬州饮食业更显繁荣。淮扬菜在烹饪技法上讲究炖、焖、煨、焐的文火烧煨烹调,在造型上讲究色、香、味、形、器五方面俱美。最具代表性的是"扬州三头",即清炖蟹粉狮子头、拆烩鲢鱼头、扒烧整猪头。以游大运河、扬州瘦西湖而闻名的"船宴",又使淮扬菜的影响扩大到运河沿线。至今,云林鹅、叫花鸡、松鼠鳜鱼、文思豆腐、平桥豆腐、大煮干丝、镇江肴肉等淮扬菜闻名遐迩。

随着大运河及漕运所带来的发达便利的交通、频繁的商业往来,各地饮食文化广泛交融,不断发生变化。隋唐以前,漕运主要限于北方地区,漕粮品种主要是北方的小麦、粟、豆等。隋唐以后,漕运逐渐发展成南粮北运的格局,大米成为漕粮的主要品种。北方人、特别是刚入主中原的少数民族吃不惯米饭。清代不少八旗兵"不惯食米",领饷时,军官便常常"领米易钱折给兵丁";士兵则用钱购买麦面、杂粮"充实"。随着漕米的长期供应,人们也逐渐接受了大米。清代帝王每日的主食都离不了米,既有以粳米、糯米做成的米饭,也有米粥、米粉糕等。

除粮食以外,江南出产的茶叶、果品以及鱼虾、鳖蛤等,也随着运河交通的发达逐渐进入北方人的生活。如随着南北交流的加强,原产于南方的茶叶渐渐流传入北方。到唐代时,北方也兴起了饮茶之风。从此,茶叶便成为包括北方在内的人们生活的必备之品。此外,南食之风在北地甚为盛行,从而改变了北方原有的饮食结构与习惯。如扬州富商宴席上"饵燕窝、进参汤",德州人照样把"燕翅席"作为高档享受;曲阜的孔府宴中招待贵宾宴席为"鱼翅四大件""海参三大件"。海参、鱼翅、燕窝、鱿鱼、火腿等贵重食品原料充斥运河的城镇码头,济宁、台儿庄、阳谷、张秋、临清、德州、东昌府(聊城)皆有许多海味行。

同样,北方烹饪技术及风味小吃亦随漕运南下,从而丰富了南方的菜肴式样,并对南方的饮食习俗有所影响与改变。以扬州菜为例,清代扬州一直为漕运中心,曹寅诗云:"广陵截漕船满河,广陵载酒车接轲。"康熙、乾隆帝多次南巡,扬州一线多次接驾,钦差往返频繁,宫廷庙堂宴飨技艺南流,扬州仿做京菜,办"满汉全席"。经过长期的交流、融会,扬州菜的烹饪技艺进一步提高,最终形成"甜咸适中、南北咸宜"的独特风味。这种饮食之风的变化,正是在南北运河交通发达的基础上出现的。

二、民间音乐

民间音乐是指产生并流传于民间的各种音乐样式,包括民间歌曲、民间器乐曲、舞蹈音乐、戏曲音乐、曲艺音乐和民间祭祀仪式音乐等。它主要通过口头创作方式产生和传播,在音乐表现手法、创作风格和艺术特征等方面,均有不同于专业音乐创作的显著特点。运河区域的民间音乐是运河非物质文化遗产的重要组成部分,是沿岸民众审美情趣和生活方式的生动体现。历经千年、贯通南北的大运河,在促进中国古代音乐的繁荣兴盛,南北音乐文化的交流与传播方面发挥了不容忽视的作用。

在漕运兴盛时期,运河沿线各地都流行的船工号子,经过长时间的演变,融入了各地的风俗人情,成了一种原生态的民间音乐形式。运河船工号子是运河漕运船工的民间音乐,船工号子与漕运船工的劳作紧密伴随。其相关器具众多,包括漕运船及船上桅杆篷布、橹、篙、铁锚、纤绳、定船石等。船工号子是纤夫们为了在拉纤中步调一致、提高劳动效率而自然创作的一种民歌。除起锚号子是大家齐声唱外,其余的号子都是一人领唱,众人唱和。船工号子一般节奏急促,领、和呼应紧凑,为呼喊性音调,声调高亢、激昂。

运河所带来的影响还表现在对民间乐器和器乐曲的传播,以及运河沿线地区的民歌曲调上。如山东聊城八角鼓、临清时调、高唐丝调、运河秧歌、东昌木板大鼓等,天津的梅花大鼓、乐亭大鼓、西河大鼓等曲艺音乐,多根据运河流域方言音律构成唱腔,其唱腔形成一套与本地语言相一致的旋律,虽然是"唱",但仍保持着许多"说"的成分,有着极富当地特色的审美情趣。比如山东琴书,早在清乾隆年间,民间就有小曲联唱体。因主要伴奏乐器为扬琴,人们习惯称为"打扬琴的"或"唱扬琴的"。它是一种曲调优美、生活气息浓郁的说唱艺术形式。"扬琴"受河南、江苏、安徽等地的影响较大,除了因在地域上山东与这几省相邻外,主要与这些省份的商人跟随运河交通在山东段运河沿线城镇经商、聚集有关。如唢呐音乐,原流传于波斯阿拉伯一带,元时传入我国,明代随运河流入济宁。唢呐音乐流入济宁后,经过吸收、改良,便形成了济宁唢呐。唢呐在古时也入官乐,明代王磐所作《喇叭》的曲子唱道:"喇叭、唢呐,曲儿小,腔大;官船往来乱如麻,全仗你抬身价。"当年运河往来的官船,是有乐队壮声势的,沿岸地方接送官船,也用鼓乐。济宁城内西南隅,有一条小巷,名"鼓手营",大概就是当年河道衙门官乐队吹鼓手居住的地方。由此可见,唢呐与运河关系之密切。

第四节　武术与杂技

武术、杂技作为民间技艺,其兴盛、发展与运河有着极为密切的关系。大运河便利的水路运输和保障人员、货物安全的现实需求促进了传统武术的发展和传播。明清以来,漕运的发达,带动了运河沿线区域社会经济的发展,众多城镇、码头的兴起,为艺人的杂技表演提供了重要的活动场所,促进了民间杂技的传承和发展。

一、传统武术

沧州人民自古以淳朴、刚直、勤劳、勇敢著称。由于地理、历史条件关系,强悍之武风,历年久远。据统计,沧州在明清时期出过武进士、武举人1937名。源起或流传沧州的门类、拳械达52种之多,占全国129种门类、拳械的40%,是中华武术精华聚集之地。1992年,沧州市被国家体委命名为"武术之乡",成为全国第一个获此殊荣的地级市。2006年,沧州武术被列入第一批国家级非物质文化遗产名录。

临清是京杭大运河沿线著名的商业都会,也是南北通衢的交通要道。临清人历来就有习武健身的优良传统。民风尚武是民间武术发展的重要基础。仅清一代,临清就有武进士37人、武举117人。无论是军旅武术还是民间武术,都深深影响着临清,使临清乃至周边地区孕育和发展了多种拳种流派。唐末宋初,源于临清龙潭寺的潭腿,充分利用了腿长力大的特点,内外兼修,开创了"北腿"之先。清道光年间,临清瑶坡人张东槐巧妙使用多种肘法、拳法而创编了刚柔并重的肘捶,并远播冀、鲁、豫广大地区。

临清肘捶①

---

① 李宗伟《山东省省级非物质文化遗产名录图典(第2卷)》,山东友谊出版社2012年版,第236页。

梁山县位于山东省西南部，是水浒英雄故事的发源地，同时也是中国武术的四大发祥地之一，与河南少林、湖北武当、四川峨嵋齐名。自古以来，梁山民间习武之风就极为盛行，素有"喝了梁山水，就会伸伸胳膊踢踢腿"之说。据统计，梁山一带习练的拳术有10余种，其中，梅花拳、子午门、太极拳、少林拳、佛汉拳、洪拳、三晃膀大洪拳、秘踪拳等习者众多，影响较大，是梁山武术的代表拳种。各个拳种门派相互学习借鉴，切磋提高，共同促进了梁山武术的传承和发展，形成了独具特色的一大武术流派。

二、杂技

河北吴桥有"杂技之乡"的美誉。吴桥杂技文化如今主要流布于河北省吴桥县、山东省宁津县和陵县的部分地区。吴桥杂技艺术历史悠久，被誉为"世界杂技艺术的摇篮"。关于吴桥杂技的发展，有"始于秦，形成于汉，盛行于唐，宋代流落民间"的说法。吴桥杂技门类繁多。明中叶，其逐渐形成两派：一派是以北牟乡为中心的东派，后逐步流传到宁津、南皮等县；另一派是以仓上乡、范屯乡为基地的西派，后来实力强大，流传到吴桥全县。西派中以刘家门、齐家门、陶家门最出名。到清末民初，各门逐渐融为一体。1917年，各门联合成一个庞大杂技集团，编为四大门类：武术、杂耍、驯兽（包括马术）、幻术和魔术。现今传统节目主要有肢体技巧、道具技巧、乔装仿生、驯兽、马术、传统魔术、滑稽七大类486个单项。

聊城地区是中国杂技的发源地之一，聊城杂技历史可追溯至新石器时代晚期。春秋战国时期，聊城杂技马戏得到初步发展，到汉代已经基本成熟。三国时期，杂技马戏在聊城的东阿一带已很盛行，成为一种以杂技为主兼有其他技艺的表演形式。东阿王曹植曾以"斗鸡东郊道，走马长楸间"的诗句来描述这种状况。历史上黄河经常泛滥成灾，许多农民为了生存不得不弃农学艺，东阿县孟庄、贺庄、张大人集等村就是著名的杂技村。民国初期，仅东阿县就有几十个杂技马戏班。此外，阳谷、茌平、莘县、临清等还有几个杂技团。其中有些杂技团曾到朝鲜、日本、新加坡演出。1990年，全市共有杂技马戏团20多个，杂技艺人数以百计。2006年5月，聊城杂技被列入第一批国家级非物质文化遗产名录。

聊城杂技表演①

第五节　传统戏曲与工艺美术

　　大运河不仅是古代中国连接南北方的水路大动脉,更是一条流动的文化之河。运河在孕育了丰富灿烂的物质文化遗产的同时,也孕育了传统戏曲、工艺美术等非物质文化遗产。这些遗产大多因运河而产生,或伴随运河的发展而成长,有着丰富的运河文化内涵,是具有重要价值的珍贵文化资源。

一、传统戏曲

　　大运河及其流域所孕育的文化既是中国传统文化的一部分,也是形塑中国文化的基因之一。中国古代的文化传播与交通状况密不可分,无论是物质文化还是精神文化,都有赖于交通条件的改善。在传统戏曲界,向来有"水路即戏路"的说法。明清时期京杭大运河沿岸城市是各种戏曲声腔与剧种的吸纳之

---

① 李宗伟《山东省省级非物质文化遗产名录图典(第 1 卷)》,山东友谊出版社 2012 年版,第 292 页。

地,北京、扬州、苏州等城市是全国最重要的戏曲活动中心。苏州、扬州两座城市之所以能成为戏曲活动的中心,某种程度上得益于京杭大运河。因为运河的贯通,明清两代的苏州和扬州成为商人、士绅以及文人大量聚集的地方。大运河为戏曲的形成和发展提供了素材和土壤,促进了戏曲文化的南北交融,奠定了戏曲繁荣的物质基础。在戏曲的传播和发展过程中,运河的作用功不可没。

　　明清时期,运河市镇兴起,商业繁荣,市民文化生活丰富,为民间曲艺的生存与发展创造了良好条件。运河交通便利,人口流动频繁,码头林立,各地艺人会聚于此,南北曲艺交融。如鲁西、鲁南运河市镇有"曲乡艺海"之称;北京、天津、扬州、苏州、杭州等地也多有南北曲艺汇聚的记载。相传流传于济宁的民间曲艺种类繁多,有山东琴书、大鼓、快书、木板小鼓、落子、端鼓腔、渔鼓、渔鼓坠、枣梆、岭调、平调、三弦平调、清音等10余种,说评艺人过百,使得民间曲艺表现出融南汇北的特点。如源于北京清代八旗子弟自弹自唱的一种娱乐艺术形式,自北向南经临清、聊城传入,与济宁的民间小曲结合而形成八角鼓;微山湖的端鼓腔,则由洪泽湖渔家艺人沿运河北上传入;山东梆子,又称"高调",由西北的晋陕地区传入。扬州和天津,都是曲艺之乡。运河经济的繁荣,河工河民的需要,作为码头的特殊位置,刺激着运河沿岸这两座城市成为说唱艺术的荟萃之地。清代以扬州评话为代表,扬州形成了扬州弹词、扬州道情、扬州鼓书、扬州香火、唱梨膏糖、唱麒麟组合的曲艺方阵;而在天津,由运河船夫哼唱的歌谣小调发展而来的天津时调,加上相声、单弦、京韵大鼓、连珠快书、铁片大鼓、西城板、雷琴拉戏,也是门类齐全,给世代社会底层的民众带来了精神快乐。

二、工艺美术

　　运河的流经带来了城镇经济的繁荣,促进了工艺制作技巧的不断提高。各地工艺制品随漕船、盐船及商船运销各地,工匠艺人也频繁往来于运河沿线,带动了工艺美术的发展和繁荣。大运河沿线的工艺美术作为运河非物质文化遗产的重要组成部分,蕴含着中华民族特有的精神价值、思维方式和艺术品位,是沿岸民众智慧、劳动与创造的结晶。

　　天津泥人张彩塑创始于清代道光年间,流传、发展至今约有180年的历史。期间,经过创始、发展、繁荣、濒危、再发展等几个时期,几经波折,泥人张彩塑艺术逐步走向成熟,被民间、宫廷,乃至世界认可。泥人张彩塑创作题材广泛,或反映民间习俗,或取材于民间故事、舞台戏剧,或直接取材于《水浒》《红楼梦》《三国演义》等古典文学名著。所塑作品不仅形似,而且以形写神,达到神形兼具的境地。泥人张彩塑用色简雅明快,用料讲究,所捏的泥人经久不燥不裂,栩栩如生,是我国泥塑艺术的典型代表之一,在民间美术史上占有重要地位。2006年5月20日,天津泥人张彩塑技艺被列入第一批国家非物质文化遗产名录。

杨柳青木版年画是我国著名的民间木版年画之一,与苏州桃花坞年画并称"南桃北柳"。杨柳青木版年画产生于明代崇祯年间,继承了宋、元绘画的传统,吸收了明代木刻版画、工艺美术、戏剧舞台的形式,采用木版套印和手工彩绘相结合的方法,创立了鲜明活泼、喜气吉祥、题材感人的独特风格。2006年5月20日,杨柳青木版年画制作技艺被列入第一批国家级非物质文化遗产名录。

临清贡砖烧制技艺是我国古代建材烧制技艺的重要代表,因其烧制砖窑位于山东的临清而得名。临清贡砖始于明永乐年间,当时明成祖朱棣为了迁都,用15年时间在北京大兴土木,营建皇家城池。临清由于傍临运河,运输方便,土质特别,水质不碱,成为当时生产贡砖的首选之地。官府在临清划地营建官窑数百座,专设"工部营缮分司"督烧贡砖。验收合格的贡砖用黄表纸封装好,通过船只运送到天津直沽厂,复检后送往北京。据清乾隆《临清直隶州志》记载,朝廷岁征城砖百万。在北京,除了故宫和十三陵外,天坛、地坛、日坛、月坛及各城门楼、钟鼓楼、文庙、国子监、清东陵、清西陵等,无不有着临清贡砖的身影。可以毫不夸张地说,是临清贡砖撑起了北京皇城。清代末年,随着北京皇城建设的基本结束,前后共延续了500余年的临清贡砖官窑停烧。临清贡砖广泛运用于明清皇家及官府建筑,具有"敲之有声,断之无孔,坚硬茁实,不碱不蚀"的特点,历经几百年仍坚硬如石,显示了临清贡砖烧制工艺的高超。2008年,临清贡砖烧制技艺被列入第二批国家级非物质文化遗产名录。

扬州漆器是扬州传统特种工艺品之一,产地为江苏省扬州市。它历史悠久,品种齐全,技艺精湛,风格独特,蜚声中外。其产品主要有各类屏风、挂屏、橱柜、桌椅几凳、瓶盘、碗盒、茶具、烟具、文房四宝和旅游纪念品等2000多个品种。扬州漆器髹饰技艺的手法有涂、绘、勾、刻、填、雕、镂、磨、镶、嵌等,装饰工艺则有雕漆嵌玉、平磨螺钿、点螺、纯雕漆、骨石镶嵌、刻漆、雕填、彩绘、磨漆画、彩漆平嵌等10类。扬州漆器中,以多宝嵌漆器和螺钿漆器最为著名。2006年5月20日,扬州漆器髹饰技艺被列入第一批国家级非物质文化遗产名录。

　　桃花坞木版年画是江南地区的民间木版年画,因曾集中在苏州城内桃花坞一带生产而得名。桃花坞年画由绣像图演变而来,到明代发展成为民间艺术流派。清代雍正、乾隆年间为桃花坞木版年画的鼎盛时期,每年出产的桃花坞木版年画在百万张以上。桃花坞木版年画继承了宋代的雕版印刷工艺,兼用人工着色和彩色套版,构图对称、丰满,色彩绚丽,常以紫红色为主调表现吉祥气氛,刻工、色彩和造型具有精细秀雅的江南民间艺术风格,主要表现民俗、戏文故事、花鸟蔬果和驱鬼避邪等民间传统内容,民间画坛称之为"姑苏版"。2006 年5 月 20 日,桃花坞木版年画被列入第一批国家级非物质文化遗产名录。

　　梳篦,又称"栉",我国古代八大发饰之一。常州梳篦是江苏省常州市历史悠久的地方传统手工艺品。古代妇女常把精美的蓖箕插在发髻上当作发饰。梳篦制作是精湛的传统技艺,用料精良,制作过程颇为讲究。篦箕和木梳从原料到成品,分别需经过 72 道半和 28 道工序方可完成。常州精品篦箕古朴典雅,美观精致,赏心悦目,生动体现了江南人所特有的精神气质和艺术智慧,具有较高的审美品位和审美价值。2008 年 6 月 7 日,常州梳篦制作技艺被列入第二批国家级非物质文化遗产名录。

　　杭州折扇的种类很多,尤以黑纸扇与檀香扇最为著名。黑纸扇又称"贡扇",它的制作要经过 80 多道工序,工艺十分繁复。这种扇的扇骨柔软轻滑,扇面经久耐用,不但能扇风、蔽日,甚至夏季外出,中途遇雨,也可以遮在头上抵挡一阵。由于扇面采用质地绵韧的桑皮制作,两面刷上几层高山柿漆,"水泼不进",因此大尺寸的杭州黑纸扇还有"半把雨伞"的美誉。檀香扇则选用檀香木做扇骨,不仅香味清雅,而且具有"扇存香存"的特点,存放在锦衣箱里,可防虫、防蚁。杭州折扇精巧、雅致,自然受到追求生活情趣的士绅官商的欢迎,沿运河而运销南北各地。

　　大运河在孕育了丰富灿烂的物质文化遗产的同时,孕育了绚丽多彩的民风民俗、文学作品和非物质文化遗产。这些文化遗产是对不同历史时期科技发展水平、人类创造能力和认识水平的原生态的保存和反映,是具有重要价值的珍贵文化资源。伴随着中国大运河成功申遗和国家"大运河文化带建设""大运河国家文化公园"等战略的提出,我们有必要从历史、文化、经济、生态等方面重新审视运河民俗、运河文学的内涵和价值,既要对其倍加保护,也要合理地开发和利用,力求发挥其应有的历史文化与社会经济价值,让运河文化焕发新的生机。

第六章　运河区域的重要家族与人物

人，是中国大运河图景中的重要因素。中华民族的优秀儿女设计了运河，开凿了运河，使用着运河，使运河的政治性、经济性、文化性不断凸显。无论是早期运河的军事、漕运功能，还是后期运河的商业流通、文化交流作用，其中最关键的是不同人群给运河带来的影响。而运河的开凿或衰落，又对相关人群产生了巨大的反作用。这种同生共长、相互映辉的历史图景，充分展现了人类改造自然、利用自然的力量。而人类开凿运河、修治运河的壮举，也勾勒出人与自然环境相互博弈、融合、共生的历程。

京杭大运河流经中国东部的广袤大地，自北而南依次为燕赵文化区、齐鲁文化区、淮扬文化区、吴越文化区。大运河区域是我国历史上政治地位最为重要、经济基础最为雄厚、文化底蕴最为深厚的区域。数百年来，京杭大运河连通着中国的政治中心北京和经济中心杭州，流经不同文化区域，深厚的运河文化、特色鲜明的地域环境孕育着一个个重要家族，运河流域涌现出大量重要人物。

第一节　运河区域的重要家族

运河区域范围广阔,运河文化滋养着沿运的人民,形成了不少延续数代甚至十数代、绵延百年甚至数百年的家族。这些家族在运河区域产生,形成了融合着儒家文化、运河文化和多样的地域文化,传承着独具特色的家风、族风的重要家族。限于篇幅所限,本部分仅以山东地域为主,选择运河区域的家族代表,加以介绍,以展现运河区域重要家族的风采。

一、山东德州田氏家族

德州是大儒董仲舒的故乡,现在还存有董子读书台等历史遗迹。同时,德州也是著名的运河城市,地处运河南北交通要道。田氏家庭伴随着明初移民大潮自河北真定迁来德州,开枝散叶、繁衍开来。在明代和清初六世之中,德州田氏家族以科举起家,诞生了两位进士,完成了从农耕为业的民户到以儒传家的书香门庭的转变,实现了家族的崛起。

清代前期为田氏家族的兴盛期。田绪宗于顺治九年(1652)考中进士,顺治十年(1653)担任浙江丽水县知县。丽水为浙东南要路,连年遭受战乱和饥荒,县邑荒残凋敝,以难以治理闻名。丽水民寡地薄,官吏欺上瞒下、横征暴敛,百姓苦不堪言。田绪宗到任后,重新丈量土地,按田亩征缴,内外各置账簿,纳户自注名字和缴纳额数,内外核对,使多年的弊政一扫而清。但田绪宗不幸于数月后患急病去世。丽水百姓罢市而哭,焚香跪拜祭吊的人七天七夜络绎不绝,并捐资建堂来祭祀他。

田绪宗的病故,使田氏家族陷入危机之中。田绪宗的妻子张氏在田氏由衰转盛的过程中厥功至伟。张氏出身书香门第,其父张桢是德州的饱读之士,终身未仕。张氏幼读诗书,对圣贤经典的要旨很有个人见地。她处事干练,深明大义,在中年丧夫的巨大悲痛中保持着理智。她对家人说:"我随丈夫一死,有什么难的? 但是丽水离家乡 4000 多里,把先夫送回故乡安葬,把几个未成年的孩子养大,我身上的责任实在是太大了。另外先夫在世时官府各项账簿钱粮还没有和后任交代清楚,官府也不会让咱们走的。"张氏取来府库中支纳的账簿藏于卧室,亲自进行核算。数日后,果然继任者就田绪宗任职期间的账目向孤儿寡母发难。张氏凛然不惧,撰写了辩词,请处州府知府王崇铭到丽水县盘查。王知府坐于县衙大堂之上,按照账册对账。张氏逐条应对,命家人抱账册进入大堂,一一质对清楚。继任者无话可说,心服口服。于是张氏马上谋划归程。这时家族中有人发难,众口附和,让绪宗灵柩暂时寄放于山寺庙中。张氏坚意不从,不为所动,并以恩感动族人,以道理说服他们,终于在当年十月将丈夫棺椁运回故里。

在此后的 6 年里,张氏纺纱织布维持生计,严督二子田雯、田需刻苦读书,同时还要淡定地面对"豪戚强族"的不时发难。田雯记述母亲张氏时称:"少遭多难,鞠育为劳;中苦零丁,摒挡以法。名虽列于慈母,谊实比于严师。齿方壮而遽悼未亡,家就倾而力为楷挂。"(田雯《蒙斋年谱》)张氏的苦力支撑终于迎来了家族的转机。顺治十七年(1660),田雯考中乡试第八名举人,第二年又考中进士。康熙六年(1667),田雯补授中书舍人,从此正式踏上仕途。康熙五年(1666),田需乡试中举。至康熙十八年(1679),考中进士,授翰林院编修。此时,张氏已经 64 岁。

伴随着田雯、田需科举的成功和仕途的显赫,德州田氏迎来了家族最为兴盛的时期。田雯在康熙二十七年戊辰(1688)出任贵州巡抚。黔境内村民因生活困苦等原由,常常作乱犯案。田雯莅任后,在调查研究的基础上,上书总督,陈述镇压村民的利弊得失。他注重教化,整顿吏治,痛戒有司不要虐待村民生事,争取了民心,使黔境百姓生活安定。他大力发展贵州文化事业,重修甲秀楼、阳明书院、诸葛亮祠、龙场书院,捐书课士,使贵州科举翰苑中人才辈出。当地人民感谢田雯的功德,称他为"德州先生"。

田需为田雯之弟,曾任翰林院庶吉士,后于康熙二十年(1681)御试第一改编修,康熙

田雯

二十三年(1684)典试河南,所拔尽知名人士。后充纂修《明史》官,分修《幸鲁盛

典》,又充《大清一统志》纂修官。康熙二十六年(1687),以脾疾告假回籍调理,在职勤慎,居家孝友,闭户著书,动必循礼,远近服其方正,授文林郎,入祀乡贤。

田氏家族的兴旺历第七、八、九三世,大致从康熙初年始至乾隆中叶止,前后绵延110余年。德州田氏诞生了2位进士,1位举人,11位贡生,5位国子生。田氏子孙出仕为官,最高官至巡抚、侍郎,位至二品,扬名在外;修身在家,则设帐徒,南北游历,与名流交游,有品节之风。如田雯长子田丽,字念始,号小霞,号苍。他遵父命由见习知县改补户部司务,升刑部江南司主事、陕西司员外郎,迁户部江南司郎中,授朝议大夫。他在刑部谨慎办案,无论案件大小,均反复审究,务求公允,否则据理力争。其做事不畏上官,不惑胥吏。田氏子孙之所以能够有所为,究其根本,是齐鲁文化中儒家的民本思想使他们能始终将民众的利益放在首位,出谋施政,处处考虑百姓的利害得失和生死大事,在施政策略上讲究"以德化民",不兴苛政。在他们身上,体现了中华文化的优秀传统和良好家风的代代传承。

二、山东聊城傅氏家族

傅氏家族兴盛于清代初年,逐步发展成为聊城的名门望族。傅氏远祖名傅回,祖籍江西吉安府永丰县,明成化年间任山东冠县县令。傅回任满返回故乡,其夫人李氏不愿随行。于是傅回便携四子南归,留其三子侍奉夫人。迁自江西的傅氏家族虽在永丰时就"人文济美,科第蝉联",但在落籍聊城后却一直"儒而不显"。直至七世祖傅以渐时,才逐渐成为大家望族。而傅氏逐渐发迹的过程,与族人沿运经商有着密切的关系。傅氏第五世祖傅天恩曾借运河之便从事商业。关于傅天恩的资料,族谱中记载仅寥寥几笔:天恩,别号宠吾。傅家世代以读书治学为业,直到傅天恩才一面读书,一面兼营商业。其子傅思义(傅以渐的伯父)继承父业,商业经营规模逐渐扩大,生意兴隆,且与外地商人多有联络。《东郡傅氏族谱》对傅思义的记载较为详细:傅思义,字完贞,为人凝重厚道,10岁入私塾读书,后来弃儒,转而习贾。他开始做生意的时候,仅有10余缗本钱。但是他早起晚睡,和伙计们一块干活,不怕吃苦。一开始他卖硝,后来又贩豆,都获利数倍。他的侄子傅以谦、傅以晋、傅以渐读书进学的一切费用都由他担负。傅思义还每年都延请著名学者教导诸子侄,所有的束修开销都非常丰厚。后来,有侄子因为贫穷没法娶妻,他竭力资助。傅以渐也说:"我少年读书时,束修衣食都是伯父资给,全不知有贫贱之苦。这样延续了 12 年,一直到伯父去世。"由此亦可见傅氏家族对读书治学的重视。

在傅氏家族中,官阶最高、影响力最大的人物为傅以渐。傅以渐(1609—1665),字于磐,号星岩,清代状元、一代名相。傅以渐幼年家境清贫。他天资聪慧,勤奋苦学,博览群书,经史熟记不忘。顺治三年(1646)考中状元,任弘文院修撰。顺治八年(1651),任国史院侍讲,后为秘书院大学士。顺治十二年(1655),奉旨陈时务,上疏安民大计,得到皇帝赞许,加封为太子太保。顺治十五年(1658),授武英殿大学士兼兵部尚书。十月,他以葬亲请假还乡,自此卧病不复出。顺治帝在世时十分器重傅以渐,凡机要大政均与他商议。傅以渐对皇帝也竭诚尽忠。据《清史稿》载:他虽然居相位,但食不重味,衣皆再浣,与寒素完全一样。他书奏议、草拟诏书,颇得皇帝赏识。后来曾参与纂修《明史》《清太宗实录》,担任清太祖、太宗《圣训》总裁,奉命与曹本荣合著《周易通注》。他一生著述甚丰,治学严谨,学识渊博,"道德文章实为一时之冠"。顺治十八年(1661),闻顺治帝崩,赴京奔丧后,又以病告归。康熙四年(1665)病故,葬于聊城傅家坟。

傅以渐为聊城傅氏家族的兴盛奠定了基础,同时也以德行、家风影响着傅氏后人。聊城当地至今流传着傅以渐"忍让"的故事:族人因一墙的地基与邻居产生纠纷,官司打到聊城署衙。知县畏惧傅以渐家族的势力,不敢轻易做出决断,亲自写信给傅以渐,征求其意见。与此同时,傅氏家族的人也写信要求傅以渐过问此事。傅以渐在回复族人的信中只写了四句话:"千里来书皆为墙,让他几尺又何妨? 万里长城今犹在,不见当年秦始皇。"傅以渐的品格由此可见一斑。

在傅以渐之后,康、雍、乾、嘉四朝,傅氏家族中每一代都有不少子弟入朝为官。据《东郡傅氏族谱》记载,傅氏家族在清代共计有进士 6 人,举人 11 人,拔贡 11 人,其中,尤以知县为最多。道光年间,傅绳勋出任知府,历任按察使、布政使,升任江西、江苏巡抚。其间,他审理陕西省疑案,处理广州民变,参与处理"青浦教案",整肃江西史治,在江苏兴修水利、提倡漕粮改折,为地方百姓做了很多好事。他后来因病辞官,主讲于地方书院,未再入仕。傅绳勋是傅氏家族中继傅以渐之后的又一位高官,他在家族内部的影响虽不及傅以渐,但也使得傅氏家族再度兴盛,家族文化也有了进一步的发展。

傅斯年是民国时期傅氏家族的代表人物。光绪二十二年(1896),傅斯年出生在聊城北门内相府故宅。他3岁那年,父亲傅旭安去东平龙山书院任山长,由其祖父傅淦亲自教授学业。光绪三十四年(1908),傅斯年赴天津读中学。1913年入北京大学预科,后入国文门读书。他曾组织创办新潮社,指挥并参加五四运动。1919年底,赴英国伦敦大学留学,后去德国柏林大学。1926年回国,次年就任广州中山大学国文、史两系主任。1928年,傅斯年任中央研究院历史语言研究所所长,并任教于北京大学。抗日战争期间,他率历史语言研究所辗转迁徙,任西南联大校务委员。抗战胜利后,代理北京大学校长。一年后,傅斯年随中央研究院历史语言研究所迁往台湾,就任台湾大学校长,1950年底病逝于台湾。傅斯年是一位蜚声中外的历史学家,他的史学思想对中国史学发展产生了一定影响,其史学成就受到学界的高度评价。

三、山东聊城杨氏家族

聊城杨氏家族是著名的藏书世家。杨以增不仅创建了晚清四大私人藏书楼之一的海源阁,在保存传统文化方面做出了重要贡献,还受到家庭的深刻影响,在待人接物、为官治民方面,均取得了显著的成绩。

杨以增(1787—1856),字益之,号至堂,别号东樵。他出身诗书世家。道光二年(1822)中进士。初在贵州任知县、知府,后调广西、湖北、河南等省诸道供职。任河南开旧陈许道时,正遇上黄河决口,他率众加固堤坝,使当地百姓免受水患。后升任两淮盐运使、甘肃按察使、陕西布政使。在陕西时,与陕西巡抚林则徐友谊甚笃。道光二十九年(1848)升为江南河道总督。咸丰五年(1855)卒于任。

杨氏家族颇重亲情,具有浓厚的家庭观念。宣统《聊城县志》保存了杨以增高祖母唐氏以孝行闻于乡里的资料。唐氏之夫杨永禧早亡,唐氏独力支撑门户,守节60余年,孝养公婆30余年,将诸孙抚养成人。聊城百姓都说,杨氏一族得以延续下来,都是唐夫人的功劳。唐氏对杨家家风的影响非常大。受唐氏影响,杨氏子孙都以孝养长辈、亲亲睦族为荣。杨以增之父杨兆煜担任即墨县教谕,即奉母同至官舍。5年后,母亲思念家乡。他就辞去官职,和母亲一同回到故乡。此后数年,母亲忽然中风。他精心调治,终于治好了母亲的病。他对母亲的照顾细致有加,显示出对孝道和亲情的重视。

杨以增自幼受杨家长辈言传身教的影响,形成了浓厚的家族亲情观念。道光十四年(1834),杨以增升任湖北安襄郧荆道道员,十六年(1846)即迎养其父至襄阳衙署,朝夕侍奉起居。其父杨兆煜喜登山游历,而襄阳原本就有很多汉唐名贤的遗迹,隆中、岘山、鹿门、习池诸胜是其中最著名的。杨兆煜每天游玩,以赋诗觞咏为乐。道光十八年(1848),杨兆煜卒于襄阳。杨以增扶枢归里后,对常年在外为官、未能尽孝双亲颇为内疚,遂在杨兆煜墓侧建退思庐以守孝。他对家人说:"吾若是得以退休,就一定守墓三年,稍赎自己远宦离亲之罪。"其对父母之孝思溢于言表。

受到杨氏注重亲情家风的影响,杨以增入仕之后,在为政一方时,也非常注重维护家庭的和睦。道光二年(1822),杨以增任长寨同知,有一对夫妻来告状和离,杨以增从早晨劝到晚上,也不为他们断离。最后两人终于悔悟,和好如初。这体现了他对夫妻和睦的高度重视。而对破坏伦理亲情之人,杨以增则必将其绳之以法。在他担任甘肃按察使时,属地中卫县有一个童养媳死亡的案子。他经过仔细调查,发现这个童养媳遍体鳞伤;严审之后,才查出是家里要卖媳为娼,媳不从而被家人打死。杨以增马上对凶手进行了严惩。爱家人,以及于从政保民,由此亦可见杨氏注重亲情、亲亲睦族家风对杨以增家庭理念的影响。

杨以增之父杨兆煜善交友,一旦订交,即倾心相接,终身不渝。杨以增称其父生平不乱交朋友,有挚友一两人,自少至老,从没有丝毫的变化。杨兆煜与同乡傅廷辉(曾任河南怀庆、归德二府经历)性情气谊大略相同,因此情谊最深。二人没有超过三日不相见的,这样一直延续约 20 年。杨兆煜的交友观为其个性品格的自然流露,同时也成为杨氏家风的重要部分。

受家庭风气的影响,杨以增待人接物从容大度,真诚笃厚。杨兆煜与傅廷辉为至交,杨以增与傅廷辉之子傅绳勋为总角交,两代交谊,故相知最深。傅绳勋长女嫁杨以增次子绍和为妻。道光二十年(1840),杨以增丁忧居家时,与绳勋一起倡修光岳楼。光岳楼历时一年修毕,受到郡人士好评。杨以增为撰《重修光岳楼记》,傅绳勋书丹,其碑刻至今仍立于光岳楼下。

杨以增一生热爱藏书。早在读书时,他即秉承父业,立志藏书。道光五年(1825),他开始收藏宋、元珍本秘籍。步入仕途后,他多次易地任职,广交文士,接触和收集许多珍本古籍。道光十八年(1838)他为父守表,居家时开始建"海源阁"藏书楼。当时,清政府统治腐败,社会动荡,官僚豪门历代收藏的典籍常有散乱失落于民间者。杨以增利用居外为官之便,辗转于吴越间,购藏珍贵古籍,以船沿运河运至聊城,形成了海源阁藏书的主体。

海源阁

在杨以增的影响下,其子杨绍和也酷爱藏书。他曾任翰林院编修、侍读,又得清宗室弘晓"乐善堂"藏书。杨绍和在目录学方面颇有造诣。他在对海源阁藏书进行整理后,编辑了《楹书隅录》,使海内人士得以了解海源阁藏书之梗概。其孙杨保彝历任内阁中书、户部员外郎、总理衙门章京。八国联军侵入北京后,杨保彝在肥城花园(现名杨家花园)筑眉园,退隐蛰居于陶南山庄。复出任山东通志局会纂,兼任山东优级师范学堂教务长。他继祖、父之业,使海源阁所藏古籍、金石、书画更加宏富。

四、山东济宁孙氏家族

济宁是运河名城,也是明代总河、清代河东河道总督驻节之地,深受运河文化的影响。特殊的经济与政治地位使得济宁运河文化底蕴深厚。运河文化与儒家文化的互补与融合,为济宁名人家族的诞生与发展创造了重要条件。清代孙氏家族是济宁望族,济宁民间歌谣称,"半城财富是孙家,半城大院是孙家,半城文章是孙家,半城人才是孙家",孙家也被称为"孙半城"。孙玉庭正是济宁孙氏家族的杰出代表。

孙玉庭,字寄圃,清代著名政治家,为官近 50 年,历仕乾隆、嘉庆、道光三朝。他在乾隆四十年(1775)考中进士后,先后担任山西河东道、广西盐法道,湖南、安徽、湖北布政使,广西、广东、贵州巡抚,嘉庆十五年(1810)授云南巡抚,署云贵总督。后调任湖广总督、两江总督。道光元年(1821),授协办大学士,仍留两江。后拜体仁阁大学士,留原任。孙玉庭有"干员"之誉,嘉庆、道光两帝每遇重大事件总要听取他的意见。孙玉庭70岁时,道光帝亲书"平格延厘"匾额和"抚循南国宣猷远,协赞黄扉受福多"的对联赐给他。道光三年(1823),赐十五老臣宴,孙玉庭有幸参加。道光御制诗称赞他"封疆重寄廉兼干,平成奏绩庆河黄",一时视为殊荣。

孙玉庭的成长深受孙氏家风的影响。孙氏先辈孙瀛洲是一位个性鲜明、名闻乡里的人物。他"身长八尺,美须,大音声,称心言论,不为曲,惟不肯见官长。遇里党即极平易,而乡人尊信若神,有疑难若争竞,至前立解;或遥闻评说,亦各罢去。赀故非饶,义举善事必为倡首。一时长者之称如一口,愿交者众。非故国遗老,即不得抗辈行。若二潘、二刘①公子,闻人也,刘温州嵀,又大侠也,皆执子侄礼惟谨。岁时公集,正大诙谐,至,即各肃衣冠,携杖履,终坐,无先发,无漫对,无先后出者"(《济宁直隶州志》卷二十八)。孙玉庭的祖父孙文丹也很注重对子孙的教诲。他受儒家思想的影响,最看重义利之辨,不论事情巨细,都把义利作为根本标准。孙玉庭的父亲孙扩图,字充之,号适斋,乾隆元年(1736)考中举人,选任山东掖县教谕,后任浙江乌程县、钱塘县知县。孙扩图童年时跟随孙文丹到堂伯父家拜访,非常喜欢其家中鱼盆里一寸多长的小鱼,于是捞取一条,藏在怀里,回家后养在水盆中。孙文丹得知后,揪着扩图的耳朵让其跪于院中,训斥道:"你这种行为和偷盗一样!"鞭打一顿之后,让他送回。后来孙扩图上私塾,与同塾小儿游戏,将其小扇夺在手中,欢笑跳跃,恰巧被其父遇到,鞭打如前。孙扩图以"明取"为由进行辩解,孙文丹怒斥道:"盗跖这一辈子都是明抢,什么时候暗取过?"孙文丹命他将扇子还给小儿,并向其赔礼道歉。孙扩图称:"我于是把这两件事写在墙上,牢记在心,迄今四十年,未尝妄取一介。"后来孙扩图学有所成,以给别人写文章所得的银两孝敬父母。每次其父必再三询诘银两的来路,知道是应得酬劳,才能心安。

孙扩图在得知孙玉庭考中进士后,给他写信,引用《朱子家训》告诫他:"读书志在圣贤,非徒科第;为官心存君国,岂计身家? 守分安命,顺时听天。为人

---

① 二潘:潘兆元、潘兆遴。二刘:刘湛、刘汶。

若此,底乎近焉。"他评价孙玉庭的试卷:"你今年写的试卷,平心自思,哪里能够必然考中? 有幸考中,完全是运气好。"他告诫孙玉庭不要傲气凌人。对于如何为官,他又告诫孙玉庭:"考中进士,是科举的终点,又是入仕的起点,今后打算做什么样的官,一定要打定主意。只有这样,才能目无旁瞬,耳无旁听,不负君亲,做一个正人。我平生最盼望的就是子孙做正人,而不盼着你们富贵。"这些教诲,对孙玉庭和孙世家族的兴盛与延续,都发挥了重要的作用。

孙玉庭的长子孙善宝,以举人荫生授刑部员外郎,官至江苏巡抚;三子孙瑞珍,道光三年(1823)进士,由翰林官至户部尚书,谥文定。次子孙仁荣之子孙毓溎,道光二十四年(1844)一甲一名状元,官至浙江按察使。孙瑞珍之子孙毓汶亦以咸丰六年(1856)一甲二名榜眼,官至兵部尚书,《清史稿》有传。曾孙孙楫,咸丰二年(1852)进士,任翰林院庶吉士,官至京兆尹。另有济宁玉堂酱园自嘉庆九年(1804)起为其家族所经营,并进贡入宫。孙氏四世并历清要,祖孙三代官至一品,这与孙世家族的良好家风,有着密不可分的关系。

五、江苏常熟翁氏家族

江浙一带是我国经济最为繁荣、文化最为昌盛的区域。根据明清进士题名录统计,自明洪武四年(1371)首科至清光绪三十年(1904)末科,共录取进士51 681人,其中,明代为24 866人,清代为26 815人。江南共考取进士7877人,占全国的15.24%,其中,明代为3864人,占全国的15.54%;清代为4013人,占全国的14.95%。明清两代每7个进士中,就有1个出自江南。这么高的比例,实在令人惊叹。江南进士不但数量上在全国独占鳌头,而且其科试名次在全国也十分显赫。以状元人数为例,明代89人,江南占近1/4。清代共举行112科,产生114名(包括两名满籍科)状元,仅江苏就有49名,占总数的43%;浙江状元20名,占总数的18%;江浙两省的状元占全国总数的半数以上。这些状元在两省的分布也不平衡,主要集中在运河沿岸的苏、常、杭、嘉地区,由此可见运河对科举发展的影响。常熟的翁氏家族就是其中的杰出代表。

翁氏家族有"一双宰相,两辈帝师,三位功卿、四代翰林、五人进士、代有高才"的赞誉。翁咸封,字子晋,号紫书,乾隆朝举人,嘉庆三年(1798)任海州学正,在任尽职。海州曾多次发生灾荒,他尽心尽力赈济百姓,最终积劳成疾,卒于任上。翁咸封之子翁心存,字二铭,号邃庵,道光朝考中进士,曾任内阁学士、工部侍郎,学识渊博,曾教授六阿哥、八阿哥读书,官至吏部尚书、体仁阁大学士。翁心存有三子,分别为翁同书、翁同龢、翁同爵,均在近代史上有重要影响。其中翁同龢是晚清政坛上的重要人物,甲午战争中坚持抗日、反对投降,戊戌变法中力图自强、促进维新,对国家和民族做过有益的贡献。翁同龢出身官宦家庭,父兄都是朝廷大臣。他早年受传统的儒家教育,饱读经史,娴熟诗文,尤擅书法。第一次鸦片战争爆发时,他已 11 岁,为躲避入侵长江的英军而逃往苏州灵岩山。太平天国革命时期,他寓居北京。咸丰六年(1856),翁同龢 27 岁时春风得意,高中状元。同治四年(1865)36 岁时,在毓庆宫行走,教同治帝读书。光绪二年(1876)47 岁时,在毓庆宫行走,教光绪帝读书。他仕途经历一帆风顺,两为帝师,屡任学官,任职于刑部、工部、户部衙门,又入值军机、总署,参与中枢决策。甲午战争中,他是主战派的领袖;戊戌变法时他是维新改革的倡导者。他忠于光绪,反对侵略,引荐康、梁,支持改革,因而得罪于顽固派,为慈禧太后所不容。光绪二十四年(1898),他 69 岁,百日维新刚刚开始,被开缺回籍,驱逐出北京。维新运动失败后,他获罪"著即革职,永不叙用,交地方官严加管束"。此后,在常熟虞山下结庐隐居。光绪三十年(1904)75 岁时抑郁以终。

翁同龢长期在北京担任要职,处在晚清政治漩涡的中心。从他的一生遭际,可以看出当时的中国危机四伏,险象环生,瓜分豆剖之祸迫在眉睫;也可以看出当时风云变幻,政潮汹涌,守旧与革新两派的激烈较量。翁同龢忠君爱国,蒿目时艰,苦心焦虑,力图振兴国家。他还时刻关注着百姓的生活。他被革职的那天,正当他的寿辰。五月十三日,他就悄然出京,乘轮南下,回到家乡常熟。那年常熟正遭受严重灾荒,西乡一带发生农民抢粮事件。地方官不惜血腥镇压,加紧催科。他抵家后,听到这消息,立即托人转言江苏巡抚,请拨 3000 石米办理平

翁同龢

枭。在平枭过程中,他还始终关心着这件事。

作为晚清政坛上的显要人物,翁心存、翁同龢以学问深邃、操守清廉著称。翁心存的"清廉传四海"、翁同龢的为官不贪,源自翁铁庵、翁咸封等祖辈严格的家教,儒家道德的熏陶。翁氏先辈谆谆教育翁氏后人在得科名与修身上,首先要做到修身。翁氏八世祖母王氏认为读书的目的在于提高自身的素养,其次才是争取功名。她教育子孙:"读书当务其大者远者,得一科名不足为重也。"她又说:"读书为善人,吾子孙也。"翁同龢的姑母许太孺人教育后人,读书当立德明志,一两次考不中不要为其所累。翁心存手书对联"惜食惜衣皆惜福,修孙修子在修身",也强调修身的重要以及对于子孙后代的影响。翁同龢在光绪三年(1877)写信给翁斌孙:"做人,来不得半分虚假,这才是第一等事。与此相比,科举功名就不值一提了。"相传翁同龢为常熟古里瞿氏铁琴铜剑楼题联"入我室皆端人正士,升此堂多古画奇书",提出藏书、读书与端人正士的关系,强调要好读书、读正书、做好人。

在注重修身的同时,常熟翁氏家族亦颇重读书,这也是翁氏成为簪缨不绝、世泽连绵的名门望族的重要原因。《常熟璇洲里翁氏族谱》称:"富贵不足长保,只有诗书忠厚之泽才能够延续于无穷。"在常熟翁氏故居"彩衣堂"大厅壁上也挂有一幅对联:"绵世泽莫如为善,振家声还是读书。"这些翁氏家训,告诉人们常熟翁氏家族就是凭借着忠厚家风、积德行善来绵延家业,依靠修身读书开拓人生道路,实现家国抱负,为社会的发展负重前行的。

第二节　运河相关的重要人物

京杭大运河的南北贯通,加强了南北的物资流通与经济发展,加速了不同地域人员的流动与不同类型文化的碰撞融合,塑造着沿运地域的民风民俗及文化景观,同时也为重要人物的诞生、成长与施展才华积累了深厚的土壤。大运河带来了便利的交通、繁荣的经济、活跃的思想和多样的文化,给沿运各地人民的生产生活带来全方位的影响。运河区域地域广阔。数百年来,运河区域名人辈出,灿若繁星。他们或多或少受到运河的影响,书写着中华民族的辉煌历史,创造了彪炳史册的业绩,同时也成为运河区域的标志和名片。因篇幅所限,本部分选择几位或与治理运河较为密切,或在历史上有一定影响的人物加以介绍。

一、元世祖忽必烈

元世祖(1215—1294),名孛儿只斤·忽必烈,蒙古族,元朝开国皇帝。忽必烈是成吉思汗铁木真之孙,监国拖雷的第四子。宪宗即位后,他受命负责漠南汉地事务,提出了"行汉法"的主张,尊崇儒学,重视农桑,兴修水利,为后来治国奠定了重要基础。宪宗三年(1253),忽必烈获得京兆(今陕西西安)为封地,建立京兆宣抚司。宪宗九年(1259),宪宗在进攻南宋四川钓鱼城时暴毙,忽必烈随即北返,参加

忽必烈

汗位的争夺。中统四年(1264),忽必烈取得汗位争夺战争的胜利,后改国号为"大元",将燕京改名为大都,作为首都。元朝建立后,忽必烈派兵灭亡南宋,重新建立了大一统的王朝。至元三十一年(1294)忽必烈因病去世,终年79岁。

至元十七年(1280),世祖下令开凿济州河,以方便南北漕粮输送。次年(1281),中书丞相火鲁火孙等上奏,请求用益都、淄莱、宁海三州一年的赋税收入,作为开河费用。世祖经过讨论,同意这种做法,并派遣奥鲁赤、刘都水以及精于理财人员一人,给予官印前往,商定工程花费量;同时征集大名、卫州新归附的军队前往帮助开河。

至元二十六年(1289),寿张县尹韩仲晖、太史院令史边源相继上书,要求在今山东地区开凿新的运河,通过设置闸坝引汶水入御河,做到南北运河贯通,方便漕运与民间商贸往来。世祖派遣漕副马之贞与边源前往勘察,商量用工事宜。为开凿新河,世祖拨出楮币150万缗、米4万石、盐5万斤作为经费;征发新河沿岸州县民夫3万人,有断事官忙速儿、礼部尚书张孔孙、兵部尚书李处巽等负责工程施行。新河工程从当年正月开始,起始位置在须城安民山西南,终点在临清御河,全长250余里,中间建闸31座,按照河道的高低、河段的远近调节水流。当年六月工程宣告竣工,总共用工2 510 748次,世祖亲自赐名"会通

河"。

至元二十八年(1291),都水监郭守敬奉世祖之命开挖通惠河。他经过实地勘查后,上书称这条运河需要疏凿通州到大都之间的河流,中间可用浑水灌溉田地,从旧闸河引出水流;另从昌平县白浮村引神山泉水流,使其向西南方向流动,沿途接纳双塔、榆河、一亩、玉泉等水流,到西水门入都城,在城南汇为积水潭,东南出文明门,东到通州高丽庄入白河,总共长82千米。中间需要建造闸坝20座,节制水流来通行漕运。世祖看完其奏章后,予以采纳。工程从二十九年(1292)春天开始,到次年秋天完工。竣工之日,世祖亲自赐名"通惠河"。元代通惠河的建成,标志着南北长约1800千米的京杭大运河全面贯通,成为元、明、清三朝沟通南北经济的大动脉,对后世产生了深远的影响。

忽必烈是中国历史上一位具有贡献与影响的皇帝,也是蒙古族的杰出政治家。他度量宽宏,知人善任,重视利用儒家文化治理国家,所建立的大一统国家结束了唐末五代以来300余年的分裂割据,顺应了历史潮流,并首次实现了对西藏的直接管辖。在元王朝统一的国家版图内,各民族互相交流融合,扩大了华夏文化圈的传播范围。忽必烈创立的行省制度、京杭大运河的开凿等,对后世产生了深远影响。

郭守敬

二、郭守敬

郭守敬(1231—1316),字若思,河北邢台(今属河北)人,元代著名科学家,在天文、水利、数学等方面都有杰出成就。郭守敬自幼从祖父郭荣和刘秉忠学天文、地理、数学、水利等知识。中统三年(1262),他由于在科学及水利方面的不俗表现,被推荐给忽必烈,陈述水利六事,深得忽必烈首肯。至元二年(1265)郭守敬即被任命为都水少监,协助都水监掌管河渠、堤防、桥梁、闸坝等的修治工程。至元八年(1271)升任都水监,主管全国的水利事务。

　　至元十二年(1275)，元军大举进攻南宋。因军事转输问题，元廷命郭守敬到河北、山东勘察水运路线。郭守敬考察后认为，自宋金以来，山东境内的汶、泗河道，可以用来通行漕船。他初步设计了大运河弃"弓"走"弦"的方案，即将隋朝完成、呈扇面展开的大运河裁弯取直，北端自大都(今北京)起至通州，保留永济渠河北段，后进入山东德州，再南下聊城、临清、济宁，到徐州北入黄河，经淮扬运河(邗沟)过长江与江南运河连通，直达运河最南端的杭州。弃"弓"走"弦"后的这条南北大运河，比起弓形走向的隋唐运河航路大大缩短。这一规划立即得到元世祖的首肯，计划于至元十三年(1276)正月开始"穿济州漕渠"工程。但当时对宋战争正在进行之中，没有力量从事这项工作。直到至元十八年(1281)十二月才按郭守敬的规划方案，派兵部尚书奥鲁赤负责修建自济州(今山东济宁市)南至须城(今山东东平)安民山镇的济州河，翌年十二月完成，全长75千米左右。

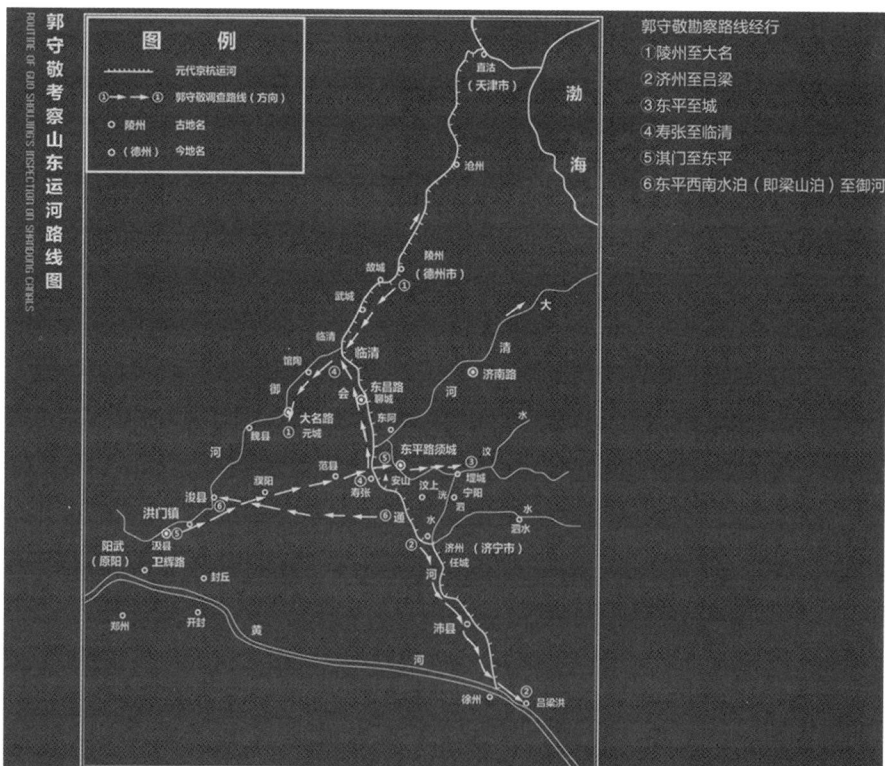

郭守敬考察运河的路线

在郭守敬设计并负责督开通惠河之前,江南漕粮只能通过大运河运到通州。本来从通州有一条运河通到大都,但因为水源不足,水量小,通航能力不足,多半处于荒废状态。漕粮只好从通州用牲口驮运到大都,不仅耗费人力,而且一到雨季,道路泥泞,畜病人疲,运输更显艰难。所以,让大运河直通大都,就成为元政府面临的一项重要任务,这一任务自然又落到了水利专家郭守敬的头上。至元二十八年(1291),郭守敬上奏开通州至大都的运河。他经过仔细考察,决定在旧的京通运粮河上重新开浚。勘察过程中他发现了昌平东南的白浮泉水,于是引白浮泉水沿地形等高线西折而南,合入一亩泉、玉泉诸水,成功地解决了运粮河水源不足的问题。郭守敬为了解决旧的运粮河河床坡度大,不易存水的问题,改进了坝闸和斗门,节水以通漕运。整个京通运河全长 82 千米,工程从至元二十九年(1292)春动工,翌年秋全部完工。至此,从杭州至北京全长 1794 千米的京杭大运河全线通航,江南漕船可直接驶入大都城。元世祖忽必烈为京通运河赐名"通惠河"。元贞元年(1295)七月,通惠河设提领三员,管领人夫,专门巡护。

三、施耐庵

施耐庵(约 1296—约 1371),原名彦端,字肇瑞,号子安,别号耐庵。元末明初文学家。江苏兴化人(一说浙江钱塘人)。施耐庵自幼聪明好学,才气过人,事亲至孝,为人仗义。元延祐元年(1314)考中秀才,泰定元年(1324)中举人,至顺二年(1331),与刘伯温同榜登进士。不久任钱塘县尹,因替穷人辩冤纠枉遭县官的训诉,遂辞官回家。

张士诚起义抗元时,施耐庵参加了他的军事活动。张据苏以后,施耐庵又在他幕下参与谋划,和他的部将

施耐庵

卞元亨相交甚密。后因张贪享逸乐,不纳忠言,施耐庵与鲁渊、刘亮、陈基等大为失望,相继离去。施耐庵与鲁、刘相别时,曾作《新水令秋江送别》套曲,抒发慷慨悲痛之情。不久,张士诚身死国灭。施耐庵浪迹天涯,漫游山东、河南等地,曾与山东郓城县教谕刘善本友善,后寓居江阴徐氏处,为其塾师。随后还旧白驹,隐居不出。

施耐庵感时政衰败,搜集并整理关于梁山泊宋江等英雄人物的故事,最终创作"四大名著"之一的《水浒传》,以寄托心意。明嘉靖十九年(1540),高儒《百川书志》载:"《忠义水浒传》100 卷。钱塘施耐庵的本。罗贯中编次。"嘉靖四十五年(1566)郎瑛在《七修类稿》中说此书为"钱塘施耐庵的本"。万历年间,胡应麟在《少室山房笔丛》中指出:"武林施某所编水浒传,特为盛行。"《水浒传》成为我国古典小说的典范。施耐庵的这部《水浒传》中许多重要的故事场景设在河北、山东的沧州、清河、高唐、阳谷、梁山一带。这些地区在后世大多为运河流经区域,或者距离运河不远。其中关于这一区域自然与民俗的记述,对于了解后世山东运河区域的历史变迁,具有重要的意义和价值。

除小说外,施耐庵还精于诗曲,但流传极少。除套曲《秋江送别》以外,还有如顾逖诗、赠刘亮诗传世。施耐庵为避明朝征召,潜居淮安,染病而殁,就地高葬,享年 75 岁。施耐庵殁后数十年,其孙文昱(述元)家道炽盛,始迁其祖耐庵骨葬于白驹西落湖(今江苏省兴化市新垛镇施家桥村),并请王道生作《施耐庵墓志》。

四、宋礼

宋礼(约 1361—1422),字大本,河南永宁(今河南洛宁)人。宋礼自幼聪明颖悟,喜爱学习,志向远大,特别擅长河渠水利之学。永乐二年(1404),宋礼担任工部尚书,请求朝廷给山东民众供给屯田牛种,又请求允许犯罪无力准工者迁到北京为民,所议都得到了永乐帝的认可和施行。

山东境内的运道即为元代所修的会通河。元代建都大都(今北京),朝廷和官民用度都依靠江南的米粮。元代会通河基本确定了后世运河的走向,但是因为工期短促,开凿质量不高,特别是在如何充分利用汶河等沿途河流水源上,还存在较大问题。因此,元代虽然开凿了会通河,打通了南粮北运的新水道,但是南粮运输仍不得不采用河海兼运、以海运为主的方式。

洪武二十四年(1391),黄河在原武决口,会通河淤塞不通,南北漕运更为梗塞。济宁州同知潘叔正上疏,请求疏浚会通河,以畅通漕道。永乐帝对此议非常重视,派遣宋礼和刑部侍郎金纯、都督周长前往治理。宋礼等人奉命征发民夫16.5万人,对从济宁州到临清州全长192.5千米的会通河道,进行了重新开凿和彻底修治。

在治河过程中,宋礼深入实地,了解沿运水系、地形,广泛访问当地百姓。通过实地勘察,他认为要想保证会通河通航,就要充分利用汶水水源,而利用汶水水源,首先就要整修

宋礼

堽城坝。堽城坝位于今山东宁阳县北的大汶河上,始建于至元二十八年(1291)。元代会通河水源采用"遏汶入洸"的办法,即在汶河上修建堽城坝引汶水入洸河。洸河流至济宁,通过会源闸(又称天井闸)分流南北济运。由于济宁地势比南旺约低5米,洸水入运后,当水小时难以北流至南旺段运道,水源问题并没有得到彻底解决。另外,自元朝末年以来,堽城坝已经废弃不用。究竟是重修堽城坝,还是采取新的引汶思路,则是宋礼面临的首要难题。宋礼经过反复勘察,继续采用了元代的引水思路,决定重修此坝,并把它作为"引汶济运"的枢纽工程。不过,在施工中,他同样面临该坝引汶水至济宁会源闸分流处的位置偏低,无法满足北流至临清的会通河段水源供应的问题。对此,宋礼非常着急,遍访各地治水能人,终于在汶上县城东北白家店村访得白英,并非常诚恳地向他请教治漕方略。他对白英提出的借水行舟、引汶济运、挖引山泉、修建水柜的建议非常认可,完全采用了这一方案。

经过宋礼等人的治理,漕道南北贯通。宋礼等人奉旨开挖疏浚会通河后,于永乐九年(1411)八月返回京师。作为总督官,宋礼论功第一,受上赏。

疏浚会通河的第二年,卫河发生较大水灾。他奉命勘察,分别在魏家湾开挖2条支河,及时宣泄积水。此外,他又在德州城西北开凿泄水小河,导引积水泄入旧黄河,从海丰县大沽口入海,有效地消除了水患。

在治理会通河的同时,宋礼还主持了对黄河的治理。永乐八年(1410),因

连日大雨，黄河水势大涨，在河南武陟县决口，淹没了大量田庐民舍。第二年，永乐帝派遣工部侍郎张信进行勘察。张信经过勘察后，认为祥符县鱼王口至中滦下10余千米有旧黄河岸，与今河面平，如加以疏浚，用以泄水，那么水势就能得以消减。永乐帝认可了这一方案，派遣徐亨、蒋廷瓒和金纯负责开浚。因宋礼当时正督工整治会通河，永乐帝遂命之同时主持此项工程。宋礼等人奉旨征发民工11万余人，经过1个多月的紧张施工，新开黄河堤岸，并增筑溢水堤岸，顺利完成此项工程。从此以后，河循故道，大大减少了河南水患。此次修治也有效地消除了黄河水患对会通河河道的威胁，对于保障南北漕运畅通，也是非常有利的。

宋礼为官非常清廉，去世时家无余财。他为人性刚，才干优长，办事认真。在治理会通河、疏导黄河等方面做出了开创性的贡献，影响非常深远。此后明清两代治河往往沿用宋礼旧制，他的治河思想和治河成效也得到了后人的认可和推崇。洪熙改元，礼部尚书吕震请予葬祭如制。弘治中，主事王宠始请立祠。正德七年（1512），宋礼被尊为河神，诏于山东汶上南旺建祠修庙，并塑神像，供后人每年祭祀，并命嫡孙赴南旺守祠，专管奉祀，且拨给附近湖地十顷，永远管业。隆庆六年（1572），赠宋礼太子太保，谥康惠公。万历元年（1573），河道侍郎万恭奏称，前工部尚书宋礼是开河元勋，功在万世，乞照平江伯陈瑄的旧例，补给恤典。明神宗下诏给以宋礼谥号，并荫一孙入监读书。清朝康熙、乾隆两朝皇帝都对宋礼追封，并给予其后代特别抚恤。雍正四年（1726），宋礼被敕封为"宁漕公"。光绪五年（1879），朝廷追念宋礼，称宋礼之功勋不在大禹之下，敕封其为"显应大王"。

五、白英

白英（1363—1419），字节之，山东汶上人。他是一位民间水利专家，参与设计、兴建了京杭大运河南旺水利枢纽工程，科学地解决了运河中段水源不足的问题。该工程位于鲁西南汶上县南旺镇，成为明、清两朝漕运生命线和南北交通大动脉。因其治河有功，正德七年（1512）明武宗追封其为"功漕神"，并在南旺立祠，以供后人祭祀。雍正和光绪皇帝曾先后追封其为"永济神"和"白大王"。

永乐九年（1411），济宁州同知潘叔正奏请疏浚、开凿旧会通河，以沟通漕运,得到皇帝朱棣批准。于是,朱棣命工部尚书宋礼、刑部侍郎金纯、都督周长前往治理,同时征调十几万民夫前来疏浚。经过一年多苦战,虽然挖通了会通河,但水流不通,舟船仍然难以航行。正在这群官员面面相觑、束手无策之际,一位"老人"的出现打破了僵局。

这位"老人"便是汶上县民间水利专家白英。宋礼在沿河走村微服巡访的时候偶遇了白英,向他虚心请教,寻求良策。白英被他的真诚所打动,提出了一整套治水方法。宋礼最终能够疏浚会通河,白英起到了关键性的作用。当时白英已年过半百,但精力充沛。他废寝忘食,不辞劳苦,亲自规划指挥施工。

白英

他采取了一系列治河措施。一是修筑戴村拦水坝,阻挡汶水入海之路,使汶水全部西南流,由黑马沟至汶上的南旺口,作为补充运河的主要水源。二是合理有效地分水。白英根据南旺地势高的特点,在南旺设 2 个分水口,使六分水向北流到临清,接通卫河,四分水向南流到济宁,会同沂、泗、洸三水入黄河。南旺是南北运河的"水脊",从这里分水,往南往北都符合水往低处流的自然规律。三是有效地进行调水。白英针对地形高差大、河道坡度陡的特点,在南旺南北共建水闸 38 座,通过启闭各闸,节节控制,分段延缓水势,以利于船只顺利地越过南旺"水脊",进而可以经由临清直达京师地区。四是建立水柜以资调节。白英设计安山、南旺、马场、昭阳等 4 个水柜,有进出闸门控制,能蓄能排。他还设计增建了马踏、蜀山等湖济运斗门,以弥补旱季用水不足。为万全之策,白英又在运河东部地区挖掘 300 余泉,共分 5 派水系济运。

南旺水利枢纽工程形成了一个完整的体系,使河湖相连、泉渠交织,对南北物质文化交流和运河两岸农业发展,均起到巨大作用。从此,运河船只可向北经临清航至北京,往南经徐州入淮河驰江南。可惜的是,在白英随宋礼进京复命,路经德州桑园时,因劳瘁过度,呕血而死,时年 56 岁。万民为之哀戚,遵其嘱葬于山东省宁阳县彩山之阴。乾隆三十年(1765)封为"永济神",光绪五年(1879)勋封为"白大王"。为纪念这位"引汶济运"的功臣,广为其建庙立祠。明正德年间建白公祠、分水龙王庙于南旺汶运交汇处的运河岸边。清代皇帝曾 6 次南巡,都在南旺分水口留下了诗篇,对白英的治水功绩大加赞赏。

六、苏禄东王

苏禄东王(? —1417),是古苏禄国(今菲律宾群岛东南部)的首领之一,在明代文献中音译名为"巴都葛·叭哈剌"。

苏禄东王墓

明朝初年,中国与苏禄国睦邻友好,曾互派使节 10 多次,交往密切。特别是永乐年间郑和下西洋,多次到访苏禄等国,极大地增强了中国对东南亚地区的影响。在此背景下,苏禄东国首领巴都葛·叭哈剌、西国首领麻哈剌叱葛剌麻丁、峒国首领叭都葛巴剌卜各率其属下及随从头目,共计 340 余人,远渡重洋,来中国朝贡。永乐十五年(1417)七月,抵达福建泉州,随即沿海北上,由吴淞江口进入,经浏河抵达南京应天府龙江驿。明成祖朱棣派专使与南京官员在会同馆为苏禄国使团接风洗尘,随后在专使护送下,沿京杭大运河一路北上,八月中旬抵达北京。明成祖朱棣在奉天殿举行了隆重的会见仪式,苏禄国 3 位首领奉金缕表觐见永乐帝,并献上了珍珠、宝石、玳瑁等名贵贡物。随后,明廷册封苏禄东国首领巴都葛·叭哈剌为苏禄国东王、西国首领麻哈剌吒葛剌麻丁为苏禄国西王、峒国首领叭都葛巴剌卜为苏禄国峒王,赐诰命及袭衣、冠服、印章、鞍马、仪仗,随从头目 340 余人也都赏赐了冠带、金织、文绮、袭衣等物。苏禄东王等一行在北京共停留了 27 日,八月底向永乐帝辞行,朱棣给三王每人赏赐金镶玉带 1 条、黄金百两、白金 2000 两、罗锦文绮 200 匹、绢 300 匹、钞 1 万锭、钱3000 贯、金绣蟒龙衣、麒麟衣各 1 袭,其随从头目也都赏赐了文绮彩绢钱钞等钱物。永乐帝随即派官员护送苏禄国使团返程。

　　苏禄国使团一行人于九月初从北京出发,先陆行至通州上船,然后沿大运河南下,经天津、静海、沧州、泊头镇,一路南行至山东济南府德州境内的安德驿。当时苏禄东王身染急病,不幸于九月十三日病逝。讣闻传回北京后,永乐帝非常悲痛,立刻派遣官员至德州治丧,赐予苏禄东王隆重的祭典,并命令地方官营建坟墓,以亲王礼厚葬,赐其谥号为"恭定",命地方春秋两次祭祀。永乐帝亲自撰写了神道碑文,树立在墓道中央。还派遣使者带着敕谕给东王长子都麻含,命其回国为继任苏禄国东王王位。此外,按照中国传统儒家礼仪,命东王妃葛木宁、次子安都鲁、三子温哈喇及仆从共计 10 人留在德州,为东王守墓 3 年。实际上,苏禄王妃葛木宁直到 6 年后的永乐二十一年(1423)才回国,随后又于次年返回德州,最后与两位王子都葬在了苏禄王墓前。其后裔也永久留在了中国,并在清朝雍正十一年(1733),经朝廷批准,分别以安、温为姓入籍德州,正式加入中国国籍,逐渐形成以苏禄王墓为中心的德州回民村落——北营村。

七、徐有贞

　　徐有贞(1407—1472),字元玉,初名珵,号天全,吴县(今江苏苏州)人。宣德八年(1433),中进士。虽然任职翰林,但不屑于只以文章出名。凡是军旅、刑狱、水利、钱谷等方面的学问,他无不钻研,对经世实用之学非常重视。正统十二年(1447),徐有贞升任侍讲。正统七年(1442),他疏陈兵政五事,虽然得到皇帝认可,但并未真正实施。正统十四年(1449),他提议都城南迁,遭到兵部侍郎于谦等群臣的反对,名声大坏,多年未得晋升。

　　自明初宋礼、陈瑄治理运河,运道大通,南方粮食的陆运、海运路线同时废止,漕运成为明代南粮北运的主要方式。明代运河因不同河段的特点,分别称为白漕、卫漕、闸漕、河漕、湖漕、江漕和浙漕。其中,闸漕、河漕和湖漕需要人力不断整治,才能保证通航,因此成为明代修治和管理的重点。运河纵贯南北,但它所穿过的钱塘江、长江、淮河、黄河和海河等五大水系,都是横贯东西的大河,双方必然在中途交汇。特别是黄河水流迅激,每到夏秋大汛的时候,水势往往疾如闪电,使人措手不及,难以驾驭。黄河经过豫西、山陕等黄土高原,沿途冲刷的巨量泥沙,犹如黄涛巨浪,汹涌澎湃,裹挟而下;待到中下游平缓开阔的豫东、鲁西和苏北地区后,骤然水慢沙停,导致河床日高,海口淤垫,洪水漫溢,形成严重的水灾,从而极大地影响和破坏了漕粮运输。当时黄河早已夺淮入海,没有专一固定的河漕,航道走泗水故道,水量多寡不定。黄河在河南一带经常决口北流,会通河时常遭到冲毁,水流外泄,泥沙淤积运道。因此,对黄河的治理,直接关系到运河的兴废,成为明代漕运的一个重要问题。明代,治河、治运总是纠缠不清。因此,万恭曾经指出,治理运河就是治理黄河,治理黄河也即是治理运河。

沙湾在今山东省聊城市阳谷县境内,旧属寿张县,为明代运河要冲。黄河屡次在这里决口。景泰三年(1452),徐有贞时任右谕德,黄河在沙湾一段决口已经长达7年。工部侍郎王永和、山东河南巡抚洪英与王暹,以及工部尚书石璞等人都曾先后治理过黄河,但一直未有成效,漕运因此大受影响。在此情形下,有人向景泰帝推举了徐有贞。他因此被擢升为左金都御史,全权负责治河事宜。

徐有贞到达张秋后,提出了治理沙湾河决、恢复运道的具体步骤,即先疏泄洪水,等到水势平稳后再治理决口,之后疏浚淤塞。在这一理念的指导下,他经过反复研究,提出了治水三策:一为置水门,二为开支河,三为浚运河。在第一策"置水门"中,他主张设置水门,并保证水门底部坚实。平时保证水门高出水位1.7米,如果水小的话,就放水补充运河之水;如果水大的话,就疏泄余水,使之流注到大海。在第二策"开支河"中,他提出水势大的时候应当分杀水势,水势小的时候应当聚合水流。分杀水势是为了消除洪水之害,聚合水流是为了得到河水之利。黄河水势过大,经常冲决堤岸;运河水势过小,经常干涩浅涸。因此,一定要分黄河之水,补充运河水源,去其害而取其利。他为此上奏景泰帝,请求根据黄河的地形、水势开广济河,下连濮阳、博陵和旧沙河,上连东西影塘及小岭等地,同时新建坚固水闸两座,以节宣水势,使黄河水大不至于泛滥成灾,水小也不至于浅阻漕运。在第三策"浚运河"中,他认为水行地中,"避高趋卑"的本性无法改变。若河道深,就能蓄水,若河道浅,则难以蓄水。永乐年间,尚书宋礼疏浚会通河,河深有 10 米,河水也有丈余,后来因为河中积聚的流沙太多,运河经常淤塞。后来平江伯陈瑄设立浅铺,又督催军丁按时挑浚,因此运河常能保持畅通。时间一长,挑浅的制度逐渐废弛,而河沙不断淤积,运河变得逐渐浅狭。现在的河底和过去的堤岸相平。与南端的黄河水位相比,要相差 3 米有余;与北端的卫河相比,也相差 1 米。因此,运河蓄水困难,但泄水却非常容易。为此,他建议应当对运河大加挑浚,以恢复原来的规制。徐有贞治水三策抓住了治河关键,切实可行,得到了景泰帝的允准。

此后,他亲自踏勘了济水、汶水,又沿着卫河、沁河、黄河,经过濮阳、范县一带,对该处地形、水势进行了周密勘察,掌握了大量第一手资料。当时督漕都御史王竑因漕渠淤浅,漕船运行困难,奏请尽快堵塞黄河决口。徐有贞认为临清段运河浅涩由来已久,并不是因为没有堵筑黄河决口造成的。如果急于堵塞决口,即使暂时堵合,第二年春天会再次冲决。因此,他奏请缓堵决口。此后,徐有贞召集民夫,亲自督导,治理河渠,建造水闸,从张秋开始以接黄河、沁河。一方面建坝收束河水,另一方面建闸宣泄河水。在施工过程中,景泰帝非常担心延误漕运,工部尚书江渊等人请求派遣驻守京城的军兵 5 万人协助施工。徐有贞认为这样开支巨大,而且当时堤防已经坚固,沿河民夫足以完成此项工程,不必再派遣京城军兵到工。景泰帝听从他的意见。经过前后 500 多天的紧张施工,沙湾决口终于顺利堵合。景泰帝对徐有贞的治河成效非常认可,并对他厚加慰劳。

此后,徐有贞再次出京巡视漕河。景泰七年(1456)秋天,山东发生大洪水,河堤多被冲毁,只有徐有贞主持修筑的河堤完好如故。此后,他又奉命大力修筑旧堤决口,在北起临清、南至济宁的运河沿线设置减水闸,有效地消除了水患。景泰帝对徐有贞大加奖赏,并擢升他为左副都御史。总体来看,徐有贞此次治河采用了疏、塞、浚三管齐下的办法,取得了良好的效果。沙湾接近 10 年的决口终于成功堵住。黄河顺流而下,东阿、鄄城、曹县、郓城间上百万亩原来被淹没的田地可以重新耕种。黄河对运河的威胁减少,大大便利了漕运。

八、潘叔正

潘叔正(生卒年不详),字惟献,号绩庵,浙江仙居(今台州市仙居县)人。自幼聪慧,喜爱读书。永乐元年(1403)中举,从此登上仕途,历任江陵主簿、山东济宁州同知、广西梧州府同知、苏州府通判等。

明洪武、建文年间,漕粮转输北平,主要以海运为主。自永乐四年(1406)起,明成祖朱棣命平江伯陈瑄督办漕运。开始时仍采用陆海兼运的方式,一部分漕粮通过海运转输,另一部分则通过淮河、黄河运输。但是,漕运并不顺畅,尤其是所经山东境内的会通河段岸狭水浅,重船无法通行。江南漕船过黄河运至阳武后,便不能继续前进,只能征发山西、河南丁夫陆运 85 千米,再经由卫河,历八递运所,逐步北运漕粮,百姓非常劳苦,运粮成本居高不下,效率极低。在这种形势下,尽快疏浚运河以使运道畅通,成为朝廷保证漕运畅通、巩固北部边防的当务之急。

济宁地处会通河南端,是运河沿线的重要城市之一。永乐九年(1411),潘叔正在山东济宁州同知任上,目睹了会通河浅涩不通,造成漕粮陆运之艰的情形,经实地勘察后摸清了会通河淤塞的状况。经过反复研究后上疏称,在会通河道 225 余千米(即大运河山东境内临清至东平县西安山段)中,淤塞的河段占到 1/3。如果能够将其疏浚,不仅可以使山东百姓免去转输之劳,而且也能给国家带来无穷利益。明成祖采纳了潘叔正的建议,命令工部尚书宋礼董其事,刑部侍郎金纯、山东总督周长等辅之,征调了山东、河北直隶等地共计 30 万民工,集中疏浚会通河。潘叔正积极参与了整修会通河的工程。河工告成后,他又亲率当地耆民 137 人诣阙谢恩。永乐帝因潘叔正有提出开通会通河之议的功劳,特赐潘叔正纱衣 1 袭、钞 10 锭,以示鼓励。

经过此次整修会通河,南粮陆运、海运同时废止,运河成为漕粮以及其他各类物资的运输大通道,济宁也因其优越的地理位置而成为运河重镇。从此以后,粮船、商船南来北往,济宁的经济文化都因此而大大繁荣。潘叔正因治河有功,对运道和民生都大有裨益,深受济宁父老爱戴。济宁百姓为他立祠于河侧。

九、潘季驯

潘季驯(1521—1595),字时良,号印川,浙江湖州乌程(今浙江省湖州市吴

兴区)人,著名治河官员、水利学家。嘉靖
二十九年(1550),潘季驯登进士第,曾于
江西、广东等地任职。从嘉靖四十四年
(1565)开始,到万历二十年(1592)止,他
奉三朝简命,先后 4 次出任总理河道都御
史,主持治理黄河和运河,前后持续 27
年,为明代治河诸臣在官最长者,以功累
官至太子太保、工部尚书兼右都御史。

潘季驯诞生于一个有着优秀家风的
环境里。潘氏家风有两个最突出的要点,
其一为"好学",其二为"仁爱"。在好学方
面,潘家注重读书,书香馥郁。潘季驯的
父亲潘夔很受其祖父潘孝的钟爱。有一

潘季驯

次,有商贩鸣锣经过,潘夔要去看热闹。潘孝说:"等下,如能对对子,就给你买
糯米糖吃。"遂口占上联:"铜锣打动小儿心。"潘夔应声对到:"木铎振扬夫子
教。"潘孝大为赞赏。潘夔读书好学,太子少保闵珪致仕回乡,颇为看重他,将二
女儿嫁给他为妻,也就是潘季驯的母亲。在仁爱方面,潘夔善医,乡邻们有病,
往往找他诊治。有一年乡里流行瘟疫,左邻右舍病倒很多。他不顾危险,挨家
治病。他的邻居赵某当时正在与潘家打官司,也染病在家,病情不断加重,家里
人很担心。赵某对他儿子说:"快去请潘先生给我看病。"其子说:"咱们正在和
潘君打官司,怎么能再向他求药呢?"赵某回答说:"潘君虽然生气,但是心地善
良,看到我病重,一定会来救治我的。"潘夔果然不计前嫌,悉心治好了赵某的
病。两家的诉讼也因此和解。后来儿子潘仲骖、潘季驯做官,别人问潘夔为什
么不去享福,他说:"我去做官的儿子们那里养老,不如在家里吃饭吃得香啊。"
潘夔多次写信告诫儿子们不要假公济私,并说,你们要是贪赃枉法的话,就不是
我的儿子。

良好的家风,形成了潘季驯严谨务实、心系国家、关心百姓的处事态度。经
过长期的实践和不懈的努力,潘季驯总结并提出了"筑堤束水,以水攻沙"的治
黄方略和"蓄清(淮河)刷黄(黄河)"以保漕运的治运方略,发明"束水冲沙法"。
其治黄通运的方略和"筑近堤(缕堤)以束河流,筑遥堤以防溃决"的治河工程思

路,及其相应的堤防体系和严格的修守制度,成为其后直至清末治河的主导思想,为中国古代的治河事业做出了贡献。他的治河思想与理念集中保存在《河防一览》《两河管见》《宸断大工录》等著作中,对明清两代黄河、运河治理产生了深远的影响。

明代总河驻节山东济宁。潘季驯常年奔波于治河工地,在济宁为官 20 年。到 70 岁的时候,才第一次登上太白楼,并作诗:"供奉城南旧酒楼,名悬天地几千秋。亦知信美非吾土,聊为前贤续胜游。杯酒平分苍岱色,席间遥控大河流。独怜廿载成虚度,才一登临又白头。"这块诗碑至今仍矗立于太白楼侧,成为潘季驯才干与品格的丰碑。

十、张伯行

张伯行(1651—1725),字孝先,号恕斋,河南仪丰(今河南兰考)人。康熙二十四年(1685)进士,历任内阁中书、山东济宁道、江苏按察使、福建巡抚、江苏巡抚、吏部尚书等职。雍正三年(1725),张伯行去世,赠太子太保,谥"清恪"。著有《正谊堂集》《道统录》《伊洛渊源续录》《居济一得》《小学集解》《续近思录》《学规类编》《性理正宗》《广近思录》《濂洛关闽书》《困学录集粹》等书。

张伯行于康熙二十四年(1685)考中进士,先考授内阁中书,寻改中书科中书,因遇到父亲去世而丁忧归家,在家期间修建书院,讲授儒学,培养了大批弟子。仪

张清恪像

丰城北旧有河堤。康熙三十八年(1699)六月天降大雨,河堤崩溃。张伯行募集民众,用土将决口堵塞,积累了一定的治河经验。当时河道总督张鹏翮负责治理黄河,认为张伯行是一个人才,于是上疏推荐他赴河工效力。康熙帝命张伯行以原衔赴河工,负责督修黄河南岸河堤 100 余千米,及马家港、东坝、高家堰等诸处工程。他都出色地完成了任务。

　　康熙四十二年(1703),张伯行升任山东济宁道。在济宁任上,张伯行还负责境内河道的治理、相关河工的修建等事宜。他将相关的治河经验汇聚成册,编成《居济一得》一书。该书共8卷,对清代山东运河的地理地貌、水利设施建设、运河水源、泉源闸坝进行了全面的介绍。其中,卷一为运河总论、峄县县丞、台儿庄八闸、微山湖等,对山东运河南段的闸坝建置、河官职能作了具体说明。卷二为泗水、沂水、汶水济运及马场湖与南旺湖分泄与存蓄运河水源等,并对南旺分水枢纽工程的功能与结构予以了叙述。卷三为十字河、汶河及相关堤岸与闸坝,分析了济宁周边自然河流对运河的影响。卷四为泉源疏浚,马踏湖与安山湖的维护,闸坝放船之法。卷五为治水,土桥闸、戴家湾放船之法与引漳入卫。卷六为治河议,疏浚河道,聊城七里河、曹州贾鲁河的治理等。卷七为治河总论,主要对黄淮水利、皂河及骆马湖的治理进行了介绍。卷八为黄河、运河总论,对黄运关系分析尤详。该书版本众多,有康熙刻本、雍正刻本等。

　　张伯行的治河理念除了根据地势清理淤塞,恢复水柜,疏导泉源,修理闸坝外,核心内容是通过对汶、泗两河入运地点的修改,增加南旺分水枢纽以北的水量,使闸河水源充足,减少南旺以南水量,以保障漕运畅通,从根本上解决南旺南北水量不均所导致的浅涸、淤阻等问题。在具体的治理方法上,张伯行也有自己的见解。首先,在戴村坝至南旺沿线水柜的泥沙淤塞问题上,张伯行认为汶河来沙导致水柜不断淤高,存储水量减少,只有将戴村坝按照堽城坝的制度,中间设斗门8座,按照水流消涨,随时启闭。在戴村坝建闸2座,引水由闸至南旺节制运河,以使运河水不致大涨大落。等戴村坝相关工程修理完毕后,将汶水引入水柜之中。等泥沙沉淀后,再引清水济运,那么大挑工程就会减少,既减少了国家财政的开支,又有助于运道的通畅。在南旺以北至临清运道水源缺乏问题上,张伯行认为应该增加供水量,提出汶河口宜改于分水龙王庙北5千米,五里铺滚水坝对面,专门供给南旺以北运河。如果水源充足,那么东昌府(府治在今山东聊城)一带就没有淤浅之患了。另外,五里铺滚水坝南北应各建水闸一座,以泄运河多余之水,进入南旺湖以济运。柳林闸、寺前铺闸分别为界水闸,二闸须常闭堵水,减少汶水南流的数量,增加向北输水比例。如果南旺湖水面低于运河,湖水难以接济运道,那么可以使用水车,将湖水挽入河道之中。此外,须恢复安山湖水柜,蓄水济运。与南旺以北相反,鲁西南地区由于降水丰富而洪水泛滥,因此改汶河专济北运,既满足北方水源需求,又可以分泄鲁西南地区的洪水,减少河患的发生。张伯行提出,汶河专济北运后,南运须引泗河水至南旺以南入运:先挑浚府河,自黑风口挑至马场湖,使府河加宽、变深,方便泗河之水进入府河之中;再挑浚马场湖,存贮泗河之水。从马场湖引水沿蜀山湖南岸开挖引河一道,引至十字河对过,开河口一道,使泗河从寺前铺闸阴暗大长沟入运,并在大长沟东或西建闸予以节制。

张伯行认为南旺以南水量丰富,有府河、洸河、泗河、独山湖、南阳湖、昭阳湖、微山湖以助运,并且沿线有诸多泉源予以接济,所以南旺以南患在水多,而非水少。南旺以南水量过多,很容易导致严重水患。济宁、鱼台一带往往波涛泛滥,田禾、庐舍均受威胁,百姓痛苦不堪。另外,沿运河湖需要经常挑浚、疏通、防范淤塞,以利洪水下泄。南旺、马场、蜀山等湖每年接纳汶、泗及泉源之水,导致泥沙大量泄入湖中,不断淤积,湖面升高,存水量不断减少,难以满足运道需求。只有经常挑浚湖底,才能使水源充足。沿河闸坝如启闭不当容易导致漕船不能顺畅通过。例如,天井闸,水势甚急,一船过闸,需要纤夫数百名,牵挽呼号之声不绝于耳,船只过闸极为艰难。每天过船数量在一二十只。大批漕船时常集聚闸下,难以顺利通过,导致漕运受阻。张伯行认为,天井闸一旦开启,水势建瓴而下,在城闸泄水过多,不但天井闸漕船难以通过,而且曹井桥至安居镇一带浅阻。这主要是由于在城闸下板太少的缘故,并不是因为上游来水太微弱。只需要将在城闸闸板增加 6 块,那么水势就会平稳,过天井闸每船不过需要船夫三五名,一日一夜过船可至 280 余只,粮船通过就会顺畅,效率也会大大提高。

张伯行为官期间,政绩卓著,以清廉而著称于世,被康熙帝誉为"天下第一清官"。在济宁道任上,他遍历河干,治水颇有成绩。康熙南巡阅河时曾御书"布泽安流"四字褒赠。张伯行之子张师载(？—1763),字又渠,康熙五十六年(1717)举人,以父荫补户部员外郎,后曾官至东河河道总督。

十一、黎世序

黎世序(1772—1824),初名承惠,字景和,号湛溪,河南罗山人。嘉庆元年(1796)进士。历任江西星子县(今庐山市)知县、江苏镇江府知府、淮海道、淮扬道等职。道光四年(1824),卒于南河总督任上。

嘉庆八年(1803),升江苏镇江府知府。辖境丹阳县有练湖,本为曲阿后湖,

黎世序

分上、下二湖。至嘉庆年间，上湖已废不存，下湖仍可蓄水。但当地富豪占湖围田现象严重。下湖之前有堤闸，闸启闭有相应规定，但早已废弃不用，因此夏涨水，冬泄水。黎世序新建三闸，同时修复旧闸，兼顾灌田、济运，显示出黎世序的治水才能。

嘉庆十六年（1811）春，升任新设淮海道。当时黄河入海口淤塞，河水南溢陈家港，北溢马家港，连年溃决，下河地区民不聊生。大学士长麟、戴衢亨奉旨察勘，最终决定于云梯关外接筑长堤，直达入海口，以收束水攻沙之效。总河吴璥最初同意此议，但随后经费不足，将长堤减筑 15 千米。黄河盛涨，水行至长堤尽头发生分流，泥沙将入海口河道淤塞。入海口淤塞，则上游河道溃决。马港河道淤塞后，倪家滩、王营减坝、李家楼先后漫溢，周边数郡水涝。朝臣议论，马家港未淤塞时，南河两三年都不会发生漫溢；淤塞后，一年内就发生三次漫溢；不如将黄河改行马港口，使黄河由海州灌河口入海。此议一时甚嚣尘上。时任两江总督百龄征求官员意见。黎世序挺身而出，严厉批判这种做法是无策之举。黄河若改行马港口，将会引发严重黄河倒灌，运河河堤决口漫溢将更为频繁。他认为，治理黄河仍需延续潘季驯、靳辅的思路，坚持束水攻沙，接筑长堤，使黄河急速攻沙。他建议于冬季河水流速微弱时，于滩涂取土，沿新堤接筑堤坝，直至入海口，黄河自然深通，河水畅流，洪患自然减轻。读罢黎世序的奏疏，百龄大为叹服，立即照黎世序建议上奏朝廷，并照黎世序的建议施行。

嘉庆十七年（1812）冬，调任淮扬道。不久，南河总督陈凤翔被革职流放。在两江总督百龄极力举荐下，嘉庆帝加黎世序三品顶戴，署南河河道总督。当时，黄河入海河道虽已畅通，但河道淤垫已久，必须蓄足湖水，使湖高于河，东下刷沙。而山盱的仁、义、礼三坝，启放已久，冲水峭深，已不可修复。黎世序建议于蒋家坝以南将三坝改建，仁坝石底长 4 米外过水，义坝石底长 3.6 米外过水，礼坝石底长 4.3 米外过水,坝下开挑三道引河,各视地势挑挖疏浚,长、广、深各有相应规格。黄河与坝底相平,泄水最大不过数尺。引河下泄之水仍入旧坝。引河统一归高邮、宝应等湖东注。另于以北稍低处接筑堰堤,与河堤持平,以资捍卫。按此议办理,当年蓄水攻沙效果显著,漕运顺畅。至嘉庆十九年(1814)霜降,因秋汛安澜,黎世序被嘉奖修防得当,加二品顶戴。

在黎世序看来,黄河汛期暴涨,专靠闸坝以杀水势。萧南毛城铺已不足分泄水势,且北岸临近运河,不可轻易泄水。嘉庆二十年(1815),奏请于徐州西北十八里屯及苗家山虎山腰,削平山顶,借山事凿坝,建滚水坝,分泄黄河水。照议施行。当年夏,洪泽湖水势盛涨,拆展束清、御黄二坝,开启山盱滚坝,清水畅流,束清刷黄,黄河东注,河道浚深。嘉庆帝闻讯欣喜,特下旨褒奖。

黎世序治河延续潘季驯、靳辅思路,加固河堤,束水冲沙,同时于河堤广植柳株,严格稽查河工物料,减少不必要的漕规例价。行之既久,河滩柳树茂密,土料如林,工程严整,黄河畅流。南河以往每年岁修银两三百万。经黎世序一番整顿,南河岁修一年可以节省经费二三十万。黎世序治河工程有个特色,就是将碎石坦坡,推广于河道工程。这种施工方式,靳辅在修筑高家堰时曾作试验,之后兰第锡、吴璥、徐端偶尔试用。到黎世序,此制得到普遍推广。此制推广,却招来广泛非议。黎世序顶住压力,最终在实践中证明碎石坦坡的实用性。嘉庆二十一年(1816)京察,议叙嘉奖。嘉庆二十二年(1817),御黄坝刷深河道,束清坝掣溜太急,无法施工。黎世序建议于旧二坝水浅处,添设重坝,又于束清坝外添设新坝,设为重门钳束。当年汛期,黄河安澜,岁修经费也减少一成。

道光元年(1821),黎世序入朝觐见新任宣宗。宣宗对这位治河功勋颇为欣赏,特加太子少保,并免除之前的一切处分。

十二、林则徐

林则徐(1785—1850),字元抚,又字少穆,晚号俟村老人,福建侯官(今福州)人。嘉庆十六年(1811)进士,改翰林院庶吉士,散馆授编修。后任监察御史、浙江杭嘉湖道、江苏淮海道、署浙江巡盐使。道光三年(1823),迁江苏按察使。后任江宁布政使、河东河道总督、江苏巡抚、署两江总督、湖广总督、两广总督。鸦片战争爆发后,被发配伊犁。道光二十五年(1845),流放结束,署陕甘总督。道光三十年(1850)十月,受诏赴广西镇压农民起义,途中病卒,谥"文

忠"。著有《使滇吟草》《林文忠公政书》
等。

　　嘉庆二十五年（1820），林则徐任江
南道监察御史。当时，河南仪封黄河南
岸大工尚未竣工，急需治河物料，但物料
商人却趁机囤积居奇抬高价格。林则徐
上奏要求地方官严查这些非法商人的居
奇行为，平价收买，以应急需。此议很快
获准通过。

　　道光十一年（1831）十月，擢为东河
河道总督。当时，河臣经手河务，贪污中
饱，已成风气。道光帝很想下力气整饬
一番，特意任命非河员出身的林则徐担
此重任，希望他能厘剔弊端，不存瞻顾。

林则徐

林则徐接到任命后，立即从扬州勘灾途中赶赴山东，接任河督。到任时，恰逢严
冬，山东、河南境内运河冰冻雪阻。为了让来年新漕能畅行无阻，林则徐督促运
河两岸各厅汛煞坝挑河，同时命两省黄河地段属员防备黄河积冰冲击堤岸，确
保大堤安全。二月上旬，运河挑工完成三分左右，林则徐亲往工地查验，一路从
滕汛十字河至汶上汛。在工地查勘过程中，林则徐发现挑挖运河河道泥土被随
意抛于沿河道路。因为冬季天寒地冻，这些泥土很快被逐段冻结，形成一条条
的"泥龙"，日渐积累，严重影响河夫施工。这些"泥龙"若拖到开春清理，一经春
雨，很容易被冲入河心，阻塞运道。于是，林则徐一改从前完工后起除"泥龙"的
做法，要求河夫每挑完一段河道，就起除干净一段"泥龙"。那些已挑河道未能
除净之处，由官府雇募夫役，予以起除。在查验工程过程中，林则徐细心体察，
严格把工程质量关，对办理工程不力的属员严厉处置。一次在钜嘉汛河工紧急
之时，该汛主簿徐恂督工不认真，河床挖得东深西浅。林则徐认为此举直接导
致河床深浅不一，日久会发生淤积，致使河床淤塞变窄，随即将徐恂摘去顶戴，
责令重新督工展宽，视工程完成情况决定去留。

　　准备足额优质治河物料是开展河工的必备前提。林则徐高度重视对各厅
料垛的查验工作。二月下旬，他专程前往河南东部黄河两岸进行查验。当时的

河员在准备料垛时,多动手脚,从中贪污作弊。例如,在堤上堆放好的秸料,作为"门垛",而在容易蒙混过关的底层,架井虚空,或用腐朽秸料充塞,作为"滩垛";更有理旧翻新,名为"并垛";以新盖旧,名为"戴帽"。他亲自从北岸的曹考厅,一直前往黄泌厅,然后至南岸,将南北两岸各垛依次查明。在兰仪厅蔡家楼,他发现垛底有潮湿料物,立即将该厅同知于卿保撤职,并赔补损失。林则徐高度负责的态度,深受道光帝嘉许。三月八日,林则徐在上南厅查验时,虞城上汛十六堡底厂存秸56垛失火被烧。火灾发生得非常蹊跷,因为林则徐即将去该汛查验秸垛。林则徐觉得此事可疑,很有可能是汛员或监守之人作弊,试图通过纵火灭迹。对此,他下令相关河员在查验秸垛前将损失料物补齐,不得烧多补少或借案浮销,同时对监守的委员、兵丁进行相应处分。在负责黄河两岸河务的过程中,林则徐开始留心黄河治理问题,初步形成改黄河由利津入海,以克服河患的治理方案。他认为,黄河南行并非出于自然,才导致黄河治理出现屡治屡患的困局。不过,林则徐很快就被调离东河总督之职,此方案并未获得实行。但10年后,黄河铜瓦厢决口,改由山东入海,验证了林则徐的先见之明。

自道光七年(1827)九月开始,东河总督严烺于兰仪厅上下抛洒碎石。道光十二年(1832)夏四月,道光帝下旨军机大臣,认为抛洒碎石后,堤防稳固,河银自应节省。但事实却相反,每年的碎石工程不断,拨防的治河银两却没有丝毫节省。对此他特谕林则徐悉心体察情形,确查此项碎石工程是否有益。林则徐随之向年老河兵、河夫咨询。他们均认为,遇有黄河险工,埽堤塌溃,抛洒碎石抢护,效果显著,历年来黄河岁报安澜。林则徐又询问,为何防险效果好,却不见河银节省?这些河兵、河夫回应,黄河两岸堤工,长60余米,大堤上有埽工镶护的不过2200多米,埽工前抛洒碎石的还不到900米。黄河河面宽阔,大溜时有变迁。购置物料防险,很难节省河银。林则徐认为,这些河兵河夫的说法有一定道理,河工用银能否节省,一半要看天意,一半看人事。黄河险工林立,平缓之处可能忽生险工,难以揣测。险工生则用料费,险工少则用料省。奏上,道光帝认为,自道光五年(1825)至十一年(1831)间,抛洒碎石已耗银65万余两,历年采办岁料及防险银两仍未见减少。按常理,碎石工程增多,岁料应该节省。岁料银不见节省,那抛洒碎石有何用处?对此,道光帝下旨接替林则徐任东河总督的吴邦庆,尽快赶赴新任,与林则徐见面后详细询查黄河及运河各厅临湖堤工、抛洒碎石到底有无用处;告诫吴邦庆到任后,破除情面,不要过于听信工员一面之词,确保无柱费工程,无妄开之费。

道光十二年(1832)六月,林则徐接任江苏巡抚。上任后,他留心江苏漕务问题。就此问题,他专折上奏,认为江苏钱谷最为繁重,漕务痼疾已经很深,尤须整顿钱漕,特别需要执法者不能姑息怠玩,设法者不能拘于一隅而不放眼全局。他在任江苏巡抚后,与两江总督陶澍志同道合,相得无间。他们二人联合南河总督张井一起上奏裁撤丹徒、如皋二县县丞,仪征清江闸闸官以精简机构,提高办事效率。

此外,林则徐在江苏巡抚任上还主持了疏浚刘河、白茆河的工程。道光十五年(1835)正月,林则徐上奏镇江属丹徒、丹阳运河是江浙漕船行经要道,临近大挑之年,请求予以分段大修。奏上,获准实行。

道光十五年(1835)十一月,林则徐署两江总督后,逐渐疏离了黄、运治理事务。值得一提的是林则徐遭革职后仍参与治理黄河。道光二十一年(1841),林则徐被发配伊犁。在赴伊犁途中,黄河在河南开封附近祥符决口,水患严峻。林则徐奉旨转赴东河效力赎罪。当时大学士王鼎总理河务,但林则徐谙习河南水情,在祥符工地积极襄助王鼎堵筑决口。

十三、刘韵珂

刘韵珂(1792—1864),字玉坡,号荷樵,山东济宁汶上县刘楼村人。嘉庆十一年(1806)中拔贡,朝考第一,后授刑部七品官。后擢升员外郎、郎中。道光六年(1826),京察列为一等,授道府级品位。其后,他历任徽州、安庆知府,云南盐法道、浙江按察使、广西按察使、四川布政使等。道光二十年(1840),鸦片战争爆发,英军攻陷定海。浙江巡抚因守卫不力被革职,调刘韵珂继任。赴任后,奏请皇帝拨款设局,赈济集于宁波等地的难民,修筑沿海各府口岸炮台,扩充守卫军队。皇帝准奏,派大臣耆英前往办理。为了消弭主抚派的影响力,刘韵珂还数次荐举主战派干将前往浙江主持防务。早在道光二十一年(1841)正月,新上任的闽浙总督颜伯焘就和刘韵珂联名要求起用被革职的林则徐、邓廷桢,让他们赴浙江会同抗击英军入侵。在他的坚持不懈下,林则徐终于以四品卿衔奉旨到浙江襄赞军务。刘韵珂将他延为上宾,以礼相待,朝夕相处,真诚聆听他的教诲和意见。林则徐在浙江共35天,两人仅有5天没有相见。林则徐后来发配伊犁,也是刘韵珂在寓所执手相送。

道光二十一年(1841)八月,英国扩大侵略战争。九月,军舰威逼浙江沿海口岸。面对强敌,刘韵珂退据省城。十月,英军大举进攻。定海总兵葛云飞率部英勇抵抗,中炮牺牲。钦差大臣裕谦于镇海兵败自杀。战后,皇帝追查责任,刘韵珂险遭革职。他一边上疏辩解,一边重新布防。道光二十二年(1842)春,他为挽回败局,打算借奕经前来援助之际,一举夺回宁波。但数战之后,不但宁波未克,反将战火波及慈溪、奉化。战局平稳后,刘韵珂主持修建营房,疏浚水陆要道,赈济抚恤流离失所的15万难民。对清廷要求增加的捐税,他坚持"剿敌之款可捐,赂敌之款不可捐;他省完善之地可捐,浙省残破之余不可捐"(赵尔巽等《清史稿》卷三七一),为百姓所称道。

刘韵珂

战后的刘韵珂努力弥合英人和百姓的矛盾,尽量维持相安无事的局面。在和洋人的接触中,他也逐渐开眼看世界,了解外部世界的变化。道光二十三年(1843)五月,刘韵珂擢升闽浙总督。当时,英国商船时常在浙江沿海停泊,利用鸦片等掠夺兵民钱财;英国军队也得寸进尺,屡屡寻衅滋事。对此,刘韵珂致函钦差耆英、伊里布,陈述了闽浙事务的"十大忧患",敦促以外交途径妥善解决。同时,他根据皇帝旨意,重申中英通商条款,制定了著名的《沿海防务二十四则》,并带头执行,使闽浙政务出现转机。道光二十七年(1847),刘韵珂涉险渡海,亲临宝岛台湾。他在台湾一路视察,了解当地风土人情。刘韵珂看到台湾战略位置的重要、资源的丰富和现状的落后,"历查各番,有不忍拒其内附之情,不能阻其开垦之势",力主尽快开发台湾。

道光二十九年(1849),刘韵珂以年老多病为由,告假还乡。此后,他曾先后于咸丰六年(1856)、咸丰十年(1860)两次应名督办山东团练。同治三年(1864)卒于家中。

第七章　外国人眼中的中国运河

　　元代京杭大运河开通后,各国使节和商旅大都从东南沿海各口岸登陆进入中国,他们或通过运河往返于京城与沿海口岸之间,或在运河各城市逗留访问、经商贸易。运河沿线的闸坝河道、城镇乡村、风土民情等,吸引着他们的目光,激发他们的兴趣,给他们留下了深刻的印象。这些外国人带着新奇的眼光来审视京杭大运河,其生动的描述体现了中外文化在这里的交流与碰撞。这些记载很大程度上转化为外国人对中国的认识,成为向外传播中国文化的重要载体。

141

第一节　古代西方人眼中的中国运河

由于地理环境的阻隔,元朝以前,西方人有关中国大运河的记载较为零星。蒙古铁骑通过战争打通了东西方的重要陆上交通,彻底疏通了西方来华的要道,欧洲人、阿拉伯人源源不断进入中国。他们对大运河开始有了更为准确的认识。这期间最著名的人物便是马可·波罗和鄂多立克,他们的记载和描述使得外国人对大运河的了解达到了一个新的高度。

一、元代以前西方人眼中的大运河

西方人涉及大运河的记载最早出现于晚唐时期西方著名商人苏莱曼所著的《苏莱曼东游记》。《苏莱曼东游记》(一译《中国印度见闻录》)是中世纪阿拉伯人所著最早关于中国和印度的游记,写成于公元 850 年左右。该书早于《马可·波罗游记》400 多年,是现存最早的一部有关中国的游记。这部书后来由法国人莱奴德复译,并详加考证,前部即《苏莱曼游记》,后部为西拉夫市人阿蒲·赛特·阿尔·哈桑所述。苏莱曼是否到过杭州,甚至是否见过大运河都还不能确定。在《苏莱

《苏莱曼东游记》书影

曼东游记》的后半部分记录了当时一位名叫伊本·瓦哈卜的人曾从广州北上京都长安。不管是从广州还是从泉州出发,从海上入境的外国人前往洛阳或长安,路线是从江南运河镇江出长江,至瓜洲渡由瓜洲运河至扬州,然后走邗沟、通济渠(汴渠)经开封、洛阳,转入黄河,从洛水至洛阳,再由黄河水路至潼关,由渭河(关中漕渠)或陆路至长安。伊本·瓦哈卜很有可能走的也是这条线路。如果真的如此,这应当是西方人在大运河上最早的旅行。

还有一项关于运河的重要记录来自公元 9 世纪中叶阿拉伯地理学家依宾

库达特拔所著的《省道记》。依宾库达特拔在哈里发麦塔密德在位之时,曾经担任笈巴尔省之邮务长官。依宾库达特拔在其著作《省道记》中记载了其从越南占城出发,到达广州,经由泉州北上到达康图(指扬州)的经过。书中写道:"中国各港皆有一大河,可以航船。河受潮汐影响。康图有鹅、鸭及他种野禽。由阿尔梅德至中国他端,最长海岸,有两月航程。中国有三百名都大邑,皆人烟稠密,富厚莫加也。"①

阿拉伯人马苏第是公元 10 世纪著名的历史学家,他从小便开始游历各国,在其《黄金草原》一书中也提到了"扬州"。但局限于其当时的游历经历,马苏第竟认为扬州是一个"国家",于是留下了这样的记录:"居住在扬州的该国第一位国王是奈斯泰尔塔斯。在他在位的 300 多年期间,他将其居民分散在这些地区,挖掘运河、消灭猛兽、种植树木和创造了园艺嫁接的习惯。"这也成为了西方人对于运河的重要记录。

元朝以前西方对大运河的记录仅见于此零星记录,一方面,反映出当时西方来华的商旅对中国的认识还停留在感性的印象

《黄金草原》封面

层面,还没有形成完整的概念;另一方面,也反映出这一时期西方来华的人,其目的以商贸为主,且主要以与中国相近的阿拉伯人为主。他们与同时期日本、朝鲜来华的人物有着根本的区别,导致两者留下的记录存在天差地别。从中我们也可以看出,地理距离和航海技术的限制成为阻挡这一时期中西文化交流的主要原因。

二、元代西方人对大运河的认识

蒙古铁骑通过战争打通了东西方的重要路上交通,彻底疏通了西方来华的要道,欧洲人、阿拉伯人源源不断进入中国。他们对京杭大运河开始有了非常

---

① 张星烺编注《中西交通史料汇编》(第 2 册),华文出版社 2018 年版,第 600 页。

准确的认识。这期间最为有名的是马可·波罗、鄂多立克、马黎诺里、伊本·白图泰,他们留下了极为丰富的著述,使得西方人对中国大运河的了解达到了一个全新的高度。

马可·波罗①

《马可·波罗游记》记载了主人公马可·波罗在中国的一路行程,他从北京出发,沿着京杭大运河一路南下,经由山东到达江苏扬州,还曾在杭州生活多年,甚至担任官职。《马可·波罗游记》里记载了他游历大运河沿线淮安、宝应、扬州、镇江、杭州等城市的故事。他写宝应:"货币为纸币……有丝甚饶,用织金锦丝绢,各类多而且美。"他写高邮:"生活所需之物皆丰饶。产鱼过度,野味中之鸟兽亦伙。"写位于长江内的瓜洲:"此城屯聚有谷稻甚多,预备运往汗八里城(注:北京城)以作大汗朝廷之用。"对于杭州,他更是用了大量篇幅进行描述:"这座城方圆约有一百英里,它的街道和运河都十分宽敞。……城内除了陆上交通外,还有各种水上通道,可以到达城市各处。所有的运河与街道都很宽敞,所以运载居民必需品的船只与车辆,都能方便地来往穿梭。"②马可·波罗认为

---

① 山东运河航运史编纂委员会编《山东运河航运史》,山东人民出版社 2011 年版,第 171 页。
② 〔意〕马可·波罗著,梁生智译《马可·波罗游记》,中国文史出版社 1998 年版,第 201 页。

杭州是世界上最美丽名贵的"天城"(或译为"天堂之城")——壮观漂亮、灿烂高贵、繁华无尽,普天之下似乎无可比拟。正是这些记载才让京杭大运河在当时的国际上享有了盛名。

马可·波罗离开中国20多年后,又一位名叫鄂多立克的意大利旅行家启程前来中国。鄂多立克生于意大利小公国弗留利的珀德农,少时即入方济各会,在乌迪内教堂内修道。他是中世纪著名的旅行家,大约于1314年从威尼斯起航开始了其东方之旅。经君士坦丁堡、特拉比松、埃尔兹伦、大不里士、孙丹尼牙、喀山、耶兹特、百世玻里、设拉子、巴格达等地,经广州入中国,游历泉州、福州、明州、杭州、金陵、扬州、北京等地,取道西藏回国。后在病榻上口述东游经历,由他人笔录成书《鄂多立克东游录》。该书记载了鄂多立克从广州经福建到达杭州,后又沿大运河到达北京的行程。在他的眼中,杭州为"天堂之城",是全世界最大的城市:"它四周足有百英里……城开十二座大门。此城位于静水的礁石上,像威尼斯一样有运河。它有一万二千多座桥,每桥都驻有卫士,替大汗防守该城。"①此外,鄂多立克还提到了一个名叫"Menzu"的城市,这也是《马可·波罗游记》中所没有的。鄂多立克这样写道:"离开扬州,在'Talay'的出口处,有个名为'Menzu'的城市。此城中的船只,恐怕比世上任何其他城市的都要好、要多。船的外面被涂成白色,洁白如雪。船上有厅堂和卧室,还有种种生活设施,都非常美观整洁。此地船只如此之多,不仅你耳闻之后不太会相信,即使你亲眼目睹之后可能也会感到难以置信。"②

继鄂多立克之后,意大利修士马黎诺里也曾来到过杭州。马黎诺里是元代末年来中国的罗马教皇使者,他一行从阿维尼翁启程,会齐元朝来使,先至钦察汗国都城萨莱(即拔都萨莱,在今俄罗斯阿斯特拉罕附近)谒见月即别汗。继续沿商路东行,经察合台汗国都城阿力麻里,于至正二年(1342)七月抵达上都,谒见元顺帝。他对中国的疆域广大、人烟稠密惊叹不已,说他途中所经过的城邑村庄难以数计,灿烂光荣之世界,不是语言所能表达的:"这有城市三万,至于小镇则无可计数。其中,最著名的当推行在(杭州),此城最美、最大、最富。……当人们讲起城中的上万座石桥时(桥上有种种雕刻以及许多手持武器的王子雕

①　张环宙,沈旭炜编《外国人眼中的大运河》,杭州出版社2013年版,第74页。

②　张环宙,沈旭炜编《外国人眼中的大运河》,杭州出版社2013年版,第73~74页。

像),那些没有到过此城的人,都认为简直难以相信,还以为讲述者是在说谎。"①马黎诺里把这里称之为"现在存在的,或者也许曾经存在过的,最了不起的城市"。

当时的另一位大旅行家摩洛哥人伊本·白图泰在公元 1342 年以印度使臣的身份出使中国,一路坎坷行进两年多才到达了福建泉州。他接着从福建北上,经杭州通过大运河到达北京。伊本在中国也待了 3 年多,在 1347 年返回到了西方。在其著作《伊本·白图泰游记》②中对来华后的经历做了极为翔实的记录。书中提到他在泉州等到了元帝国可汗的圣旨准许其北上进京,并为其提供了两条路径。伊本选择了走水路。他首先乘船到达了江苏镇江,受到了极高规格的接待。"这是一座漂亮的城市,位于广阔的平原中间。花园环绕,甚似大马士革的'姑塔'。"经过 17 天的旅行,他又乘船到达杭州。他称赞杭州城的规模之大,"在地球上我到过的城市中,这座城市是最大的。旅行者晓行夜宿要三天才能走完全城"。

三、明清时期西方人眼中的大运河

明朝末年,地理大发现以后,欧洲人开始向亚洲扩张,西方传教士纷纷踏上中国领土,其中,最有名的当属意大利人利玛窦。他两次乘船沿运河从南京到北京,沿途经过了许多运河城市,其中就包括扬州、淮安、徐州、济宁、临清等。利玛窦对中国运河的总体印象是,大运河是皇家粮食和物资运输的交通命脉,沿线繁忙而又混乱,经常会发生船只拥挤、交通堵塞等现象。为了控制流量,政府不得不禁止从长江上来的私商的船只进入运河,以保证运河漕粮的漕船能够相对顺畅地通行。由于运河水量不足,过往船只经常需要在水闸前面排队等待。为了确保船只前行,政府雇佣了大量的纤夫,在岸上牵拉河道里的船只前行。他还听说,每年光是花费在维持运河通行上的费用,就达到了 100 万两白银。利玛窦对此大惑不解:"所有这些对于欧洲人来说似乎都是非常奇怪的,他们可以从地图上判断,人们可以采取一条既近而花费又少的从海上到北京的路线。这可能确实是真的,但害怕海洋和侵扰海岸的海盗,在中国人的心里是如

---

① 张环宙,沈旭炜编《外国人眼中的大运河》,杭州出版社 2013 年版,第 107 页。
② 〔摩洛哥〕伊本·白图泰著,马金鹏译《伊本·白图泰游记》,宁夏人民出版社 2000 年版。

此之根深蒂固,以致他们认为从海路向朝廷运送供应品会更危险得多。"①

利玛窦②

　　清顺治十二年(1655),约翰·尼霍夫随以彼得·候叶尔和雅克布·凯赛尔为首的荷兰使团来到中国。作为荷兰第一个访华使团的管事,他对沿途所经之地的风景、地貌作了细致观察,对各地的河川、城墙、寺庙、宝塔和奇特的建筑物等都作了详细的记载,写下了《荷使初访中国记》这本书。荷兰使团于顺治十三年(1656)五月二十一日从扬州开始沿运河北上,途经扬州、高邮、宝应、淮安、宿迁、济宁、东昌、临清、武城、故城、德州、东光、沧州、青县、静海、天津、河西务、通州等众多运河城镇,七月十二日在张家湾下船,然后由陆路到达北京。总的来说,约翰·尼霍夫的记载是相对客观而公正的,真实地反映了清初运河沿岸地区的社会风貌,以致在相当长的一段时间中,该书成为欧洲了解中国的重要知识来源。

　　为了与清朝建立外交关系,扩大双方的贸易,1792 年,英国派遣乔治·马戛尔尼使团来华。这个使团由马戛尔尼勋爵率领,随行人员经过精心挑选,包括

① 〔意〕利玛窦,〔比〕金尼阁著;何高济,王遵仲,李申译《利玛窦中国札记》(下册),中国旅游出版社,商务印书馆 2017 年版,第 13 页。

② 刘淳著《中国油画史》,中国青年出版社 2005 年版,第 12 页。

军官、传教士、商人、翻译、水手,甚至还有机械师和天文学家,总共 5 艘船只、近700 人。根据《英使访华记》《马戛尔尼勋爵访华纪实》等史料记载,乔治·马戛尔尼使团于 1792 年 9 月从英国朴茨茅斯港出发,于 1793 年 6 月到达澳门,8 月到达北京,并于当年 9 月在避暑山庄觐见了乾隆皇帝。

乔治·马戛尔尼

1793 年 10 月 7 日,英国使团从北京通州上船,开始了为期 33 天的运河之旅。他们这样描述大运河:"我们的帆船进入了皇家大运河,它是世界上最古老的运河。它流过高山,穿过谷地,还与众多河流湖泊相交";"这是个天才的工程,它旨在使帝国的南北各省能够相互沟通"。① 使团对运河上的船闸尤其称道。他们详细统计,运河全线共有 72 个船闸。使团成员日记写道:"在那些大自然过分妨碍运河走向的地方,就用固定在岸上的绞盘把船拖上斜坡或平坡面,从一个河段拉到下一个河段。有十五六人在操作,每次将船吊起再放入水中的过程不超过三四分钟。"②乔治·马戛尔尼使团沿运河南返的过程中,留下

---

① 〔法〕佩雷菲特著,王国卿等译《停滞的帝国:两个世界的撞击》,生活·读书·新知三联书店 1995 年版,第 382 页。

② 〔法〕佩雷菲特著,王国卿等译《停滞的帝国:两个世界的撞击》,生活·读书·新知三联书店 1995 年版,第 382 页。

了大量关于运河及其沿岸社会情形的文字和图像记录。这些记录成为鸦片战争以前,欧洲特别是英国人了解大清帝国腹地的重要来源,也为我们了解清代运河区域社会生活提供了重要视角。

第二节　古代亚洲人眼中的中国运河

明代以前,中国虽然与周边的朝鲜、日本等国经济文化交流较为频繁,但真正涉及大运河的著作数量不多。其中,最为有名的当属日本圆仁法师的《入唐求法巡礼记》和著名僧人成寻的《参天台五台山记》,这两本书对唐宋时期的大运河做了非常详细的记录。明朝建立之后,对周边国家大都奉行睦邻友好政策。永乐年间迁都北京之后,京杭大运河的地位日渐重要,运河沿岸城镇也随之崛起。北上或南下的外国人大多在此参观游览或进行贸易,大运河成为中外文化交流的桥梁。在这其中,又以朝鲜人崔溥和日本僧人策彦周良最具有代表性。

一、崔溥眼中的运河

崔溥(1454—1504),字渊渊,号锦南,朝鲜王朝官员,全罗道罗州人。崔溥24岁中进士第三名,29岁中文科乙科第一名,1487年任朝鲜弘文馆副校理。1488年初,时任济州等三邑推刷敬差官(朝鲜官职名)的崔溥得知父亲病逝,于是渡海回家奔丧,途中遭遇海难,在海上漂流了14天,最后在浙江台州附近登陆获救。经当地官员审查,排除倭寇嫌疑后,他由中国官员护送,自台州走陆路至宁波,由宁波沿大运河水路至北京,再由北京走陆路至鸭绿江返回朝鲜。崔溥也因此成为明代行经大运河全程的第一个朝鲜人。崔溥回国后用汉文以日记体记述了自己在中国的经历,名为《漂海录》。全书约5.4万字,涉及中国明朝弘治初年政治、军事、经济、文化、交通以及市井风情等方面的情况。是研究中朝关系及中国明朝海防、政治制度、司法、运河、城镇、民俗的重要历史文献。

明中后期的运河沿岸城镇是当时中国商品经济和社会文化最为发达的地区。崔溥一行经过运河,留下了对运河经济文化交流和运河沿岸城镇面貌的系统而又完整的描述。如记载杭州："东南一都会。接屋成廊，连衽成帷，市积金银，人拥锦绣，蛮樯海舶，栉立街衢，酒帘歌楼，咫尺相望，四时有不谢之花，八节有常春之景，真所谓别作天地也。"①记载苏州吴江县城"屋伟壮丽，下铺础砌"。所记山东运河城市临清："楼台之密、市肆之盛、货财之富、船舶之集，虽不及苏杭亦甲于山东，名于天下。"②

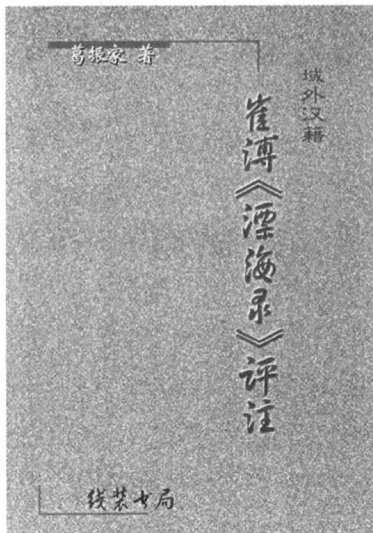

《崔溥〈漂海录〉评注》封面

对运河沿岸的水利工程，崔溥亦颇为留意。山东境内的会通河素有"闸河"之称，沿途多闸坝堤堰。《漂海录》中对这些水利设施的建制、作用有详细的记述："水泻则置堰坝以防之；水淤则置堤塘以捍之；水浅则置闸以贮之；水急则置洪以逆之；水会则置嘴以分之。……若坝、若闸、若洪，皆有官员聚人夫、牛只以待船至。"③以上寥寥数语，将闸、坝的形制与通行方法描绘得十分清楚。

崔溥还对南北文化的差异进行了评述："大江以南，地多涂泥陂潴""淮河以南，地多湖浸，泥淖沮洳；以北则地多坟起，漕河跟岸高于平地，决啮流移，水陆变迁""武城县以北，地多泥沙"。"自淮河以南，地多水田沃饶，稻粱为贱；徐州以北，无水田。"长江以南，城镇"繁华壮丽"，且分布稠密，"闾阎扑地，市肆夹路，楼台相望，舳舻接缆"，特产丰富。长江以北，特别是扬州、淮安以北，"若徐州、济宁、临清，繁华丰阜，无异江南，临清为尤盛"，其他运河城市，"亦间有富盛繁伙者"，其余则"人烟不甚繁盛，里闾萧条"。④

崔溥是在被护送回国途中经行运河的，中国政府限定其四月一日前必须到达北京。他行止匆匆，日夜兼程，所过之处，来不及仔细观察，深入考察，故其所记事实现象，多系见闻，粗略简单，且有与史实不符者。但他以一外国人的眼光

---

① 葛振家《崔溥〈漂海录〉评注》，线装书局 2002 年版，第 99 页。
② 葛振家《崔溥〈漂海录〉评注》，线装书局 2002 年版，第 134 页。
③ 葛振家《崔溥〈漂海录〉评注》，线装书局 2002 年版，第 192 页。
④ 葛振家《崔溥〈漂海录〉评注》，线装书局 2002 年版，第 191~193 页。

看待运河沿岸的现象,记下了许多我们熟视无睹、易于忽略的现象。其书在国外写成,故能直书其事,无所隐讳,对于我们了解当时运河沿线的社会状况、文化风情具有重要的意义。

二、策彦周良笔下的运河

策彦周良(1501—1579),号怡斋,后称谦斋,日本室町幕府后期临济宗高僧,五山文学后期代表诗人。他博学多才,通晓汉文,于明嘉靖十七年(1538)与嘉靖二十六年(1547)分别作为副使和正使率领日本遣明贸易使团入明,并将其在入明期间的见闻写成《入明记》一书。这是日本 19 次遣明出使中留下的为数不多的汉文日记之一,是了解明朝社会政治、经济、文化以及明代中日关系不可多得的珍贵史料。

策彦周良画像(现藏京都天龙寺妙智院)

策彦周良两次入明,详细记载了运河沿线的驿站、船闸及河道通航情况。其中,途经的驿站主要有安远驿、四明驿、车厩驿、姚江驿、曹娥驿、东关驿、蓬莱驿、钱清驿、萧山驿、西兴水驿、吴山驿、苕溪驿、平望驿、松陵驿、姑苏驿、锡山驿、毗陵驿、吕城驿、云阳驿、京口驿、广陵驿、邵伯驿、孟城驿、界首驿、安平驿、淮阴驿、清口水驿、桃源水驿、古城驿、钟吾驿、直河驿、下邳驿、新安驿、房村驿、彭城驿、夹沟驿、泗亭驿、沙河驿、鲁桥驿、南城水驿、开河水驿、安山水驿、荆门水驿、崇武水驿、清阳驿、清源水马驿、渡口驿、甲马营水驿、梁家庄驿、安德驿、良店驿、连窝驿、新桥驿、砖河驿、流河驿、奉新驿、杨青驿、杨村驿、河西水驿、和合驿、潞河驿等。对于驿站之间的里程和船只通航状况,策彦周良亦做了详细记载。如鲁桥驿,属济宁州,距下一驿站 90 里,共 5 座闸,其中包括石佛、枣林 2 闸。初次入明时过此驿,"船路十里而止,盖以处处多闸,而又水浅也";再次入明时"在中流再三系泊,盖水浅也"。南城水马驿,属济宁州,距下一驿站 60 里,有 7 座闸,也是"闸多水浅"。良店驿属德州,"本驿以下飓风卷沙,白昼昏暗也"。他初次入明行至良店驿,便遇风沙:"船路三十里而泊于中流,盖以风紧不得进……近日,日日酸风卷沙,白昼昏暗。"他再次入明行至安德驿,"飓风卷沙,故不开船"。再次入明后返回时,至梁家庄驿,"飓风卷地,灰尘纷纷,故不开船"。

作为一位高僧和学者,策彦周良对于古迹寺庙情有独钟,遇有名胜古迹、亭台寺院,他必登临游览。首次入明到达济宁,天已近黄昏,但他还是带人上岸,登上了太白楼,且对楼群的匾额、题识作了记录:"酉刻,下廪给口粮,即刻,携三英、宗桂上岸,登太白楼。在城之南门。有小门,门楣揭'谪仙楼'三大字。入此门则移步少许而有楼,而于南横揭'太白楼'三大字。楼上按太白像,像上有额,书以'意不在酒'四字。"[1]船到临清时,他也上岸游览,记下了当地的寺院祠庙及其他文化景观:"同正使和尚上岸,过一伽蓝,门揭'观音阁'三大字,入门则有二重阁,阁中按观音大士像。又傍有小亭,亭里有石井,横揭'通济寒泉'四大字。"[2]

对运河沿线各地的土产、特产,策彦周良也十分留意。他初次入明返回途中,值六月中旬,山东各地水果多已成熟,他分别作了记录。过了临清,他吃到了正使送来的"李实(李子)一笼"。到了东昌府,他"初吃辣蓼"。在安山驿附

---

[1] 〔日〕牧田谛亮《策彦〈入明记〉の研究》,松崎印刷株式会社 1955 年版,第 119 页。

[2] 〔日〕牧田谛亮《策彦〈入明记〉の研究》,松崎印刷株式会社 1955 年版,第 120 页。

近,船头送给他"水瓜一个,花红一盆"。大概是他特别爱吃这种水果,所以第二天,正使又送给他"花红、李实"。过了开河水驿,"午时,初吃新梨,佳味可爱。申时,吴通事惠蒲桃一盆,盖当年权舆也"。在《驿程录》当中,他不仅记述驿站里程、名胜古迹,同时记下了各地包括水果在内的土产、特产。鲁桥驿:"铜罄铙钹多了,桃实多了。"开河水驿:"蒲桃、梨子多了,莲花多了。"荆门驿:"水瓜、花红多了。"崇武水驿:"西瓜、大角豆多了。"清阳驿:"辣蓼多了。"

明代运河畅通以后,运河沿岸城市的服务业很快发展起来,这在策彦周良的笔记中也有反映。山东运河沿岸城市中以济宁、临清最为繁华,这两个城市中都有澡堂。济宁的澡堂大概还十分体面,策彦记之曰:"门左右有'香水混堂'四字,又浴室额揭'香汤池'三大字。"初次入明时,策彦周良一行到达临清,游览完寺院祠庙以后,他也同"三英、介休赴混堂"。在《驿程录》中,他还专门记载:南城水马驿(济宁)"有混堂";清源水马驿(临清)"有混堂";东昌府"有混堂"。

策彦周良的《初渡集》和《再渡集》中关于运河及沿岸城市景物的记载,字里行间透露出他对中国文化的尊崇与喜好,显现出日本文人良好的儒家文化修养。作为中日经济文化交流的使者,他承担着那个时代赋予他的重任,汲取了中国文化的精髓,也在运河沿线留下了日本文化的影响。

第三节 近代以来外国人眼中的大运河

近代以来,随着国门的打开,中外文化交流更为频繁。随着摄影技术的发展,关于大运河的域外书写不再局限于单纯的文字描述,而有了图像照片等佐证材料。众多旅行家、传教士、商人等来到中国,或游历,或传教,或经商,他们眼中的运河更加丰富多彩,他们在记录大运河外在风貌的同时,对大运河的认识和了解也相较之前更为深刻。

一、西方旅行家眼中的大运河

1900年,美国摄影师、旅行家、发明家詹姆斯·利卡尔顿从香港一路北上到达北京,留下了众多图片资料。在他有关苏州的照片中,聚焦于苏州当地人用训练过的鱼鹰在大运河里捕鱼的生活场景,这是江南水乡生活的真实写照;在

"苏州的运河和吴门桥"照片中,那些沿河洗衣物的穿长衫妇女,那些撑着小船、脑后拖着一条长辫子的船夫,以及在桥面上走过的黑的身影,无疑都是对当时历史的反映。

1907 年,英国画家托马斯·霍奇森·利德尔来华,创作了集画面与文字为一体的《帝国丽影》。他在书中这样写道:"回程的路线大致相同。将所有景物重温一遍一样让人兴奋,似乎还更有乐趣。特别吸引我的是小村庄温塘里的一座桥。桥跨运河而建,桥上有一座别致的古老神庙。我画了张它的素描,前景是几艘鸬鹚渔船。""苏州吴门桥是大运河上最精美的桥梁之一。它是由齐整的青石砌成,高高的桥拱优雅地掠过河面。"①通过运河上的桥梁、两岸的街道、古老的庙宇以及利用鸬鹚捕鱼的渔夫,托马斯·利德尔为我们描绘了一幅江南运河水乡宁静恬淡的美丽画卷。

威廉·埃德加·盖洛(1865—1925),20 世纪初美国著名的旅行家和地理学家,出生于美国宾夕法尼亚州的多伊尔斯顿城。盖洛受过严格系统的地理学专业训练,对中国的历史文化抱有浓厚的兴趣。他曾 4 次到中国长途旅行,对中国的长江、长城、十八省府和五岳进行了广泛而深入的考察。盖洛在中国游历期间,对杭州的河道、水系印象深刻。他这样描述道:"杭州的水系十分发

威廉·埃德加·盖洛②

达,有五个城门的名称跟水有关:清波门、候潮门、望江门、钱塘门和涌金门。跟荷兰一样,这里的运河大都运输十分繁忙。荷兰的运河被用来排除低洼地的积水,而杭州的运河则为灌溉提供了水源。而且这里的运河没有被用作排污的下

---

① 〔英〕托马斯·霍奇森·利德尔著;〔美〕陆瑾,欧阳少春译《帝国丽影》,北京图书馆出版社 2005 年版,第 55～56 页。

② 张环宙,沈旭炜编《外国人眼中的大运河》,杭州出版社 2013 年版,第 116 页。

水道,因为农民们太珍惜肥料的价值,经常疏通河道,用河泥来肥沃农田。"①"运河是被设计用来运输的,在乡间也被用作灌溉,偶尔它们也被用作其他各种用途。各种垃圾都倒在运河里面,洗衣服、清洗食物、养鱼,就连饮用水也是从这里获取。"②从中我们可以看出,运河与沿岸民众生活的密切关系。

二、近代日本人眼中的大运河

近代以来,出于多种目的,众多日本官员、学者、旅行家来华调查和访问,产生了大量有关运河的报告或游记。如汉学家内藤湖南1899年为期一周的运河旅行,股野琢1908年的苏州运河之旅,宇野哲人1906—1907年间的扬州运河之旅,德富苏峰1917年的扬州、镇江之旅等。他们在运河旅行途中无一例外表达了对运河美丽景色的赞叹,同时,又都观察到近代以来运河两岸城镇、乡村社会经济的衰败和萧条。

芥川龙之介《中国游记》封面

1921年,日本著名作家芥川龙之介以大阪每日新闻视察员身份来中国旅行,先后游览上海、杭州、苏州、南京、芜湖、汉口、洞庭湖、长沙、郑州、洛阳、龙门、北京等地,回国后出版《中国游记》一书。他在书中写道:"初夏时节的姑苏城外运河沿岸的乡间小路也是很美的。白鹅浮游在运河上,架着一座座高耸的古老的石拱桥。路边树荫清凉的槐树、柳树,还有青青麦田中开着红色玫瑰的花棚,都一一清晰地倒映在水面上。"③运河在他的笔下成为一个可以欣赏、触摸的审美对象。同时,芥川龙之介又对运河两岸城市的败落深感遗憾。如他笔

---

① 〔美〕威廉·盖洛著;沈弘,郝田虎,姜文涛译《中国十八个省府》,山东画报出版社2008年版,第20页。

② 张环宙,沈旭炜编《外国人眼中的大运河》,杭州出版社2013年版,第120页。

③ 〔日〕芥川龙之介著,秦刚译《中国游记》,中华书局2007年版,第97页。

下的扬州,无论是那破旧不堪的平房,凹凸不平、泥水淤积的马路,还是脏兮兮的白墙、贫瘠的油菜田、散发着臭气的水色发黑的内城河道,都让他无法理解古人"腰缠十万贯,骑鹤下扬州"的冲动,无法体会杜牧诗中"青山隐隐水迢迢"的意境。但是当画舫驶出水闸,进入宽阔的河面,水就不像之前那么臭了,景色也渐渐变得美丽起来。看到五亭桥时,芥川的兴致大增,感到五亭桥"从总体来说,极具中国式的古雅之风"。"至少自从上海以来,最使我感到幸福的便是扬州了。"①

三、西方传教士眼中的大运河

卫礼贤(1873—1930),德国著名汉学家,在华工作生活 20 余年。卫礼贤最初以传教士身份来到中国青岛,在华期间将精力投入教育事业(创建礼贤书院)和创办医院中,并潜心研究中国的传统文化,曾将中国经典《论语》《老子》《庄子》《易经》等译为德语,著有《中国哲学》《孔子与儒教》《老子与道教》《中国文化史》《中国文学》等著作。他在其《中国心灵》一书中曾这样描绘运河的诗意风景:"我们在运河上的航行非常愉快。太阳出来了,河道上波光粼粼,船上的中国朋友在甲板上有说有笑。我们经过广阔的田畴,穿过跨在绿树成

卫礼贤②

荫的两岸间拱形的小桥。时不时地还登上岸边,看着小山中丛林掩映的寺庙,或在河边闹市中浏览一番。运河沿路上有一排排捕鱼的小船,在这些小船的边上又排列着一列列鸬鹚。"③经过 2000 多年的风风雨雨,交通运输功能已不仅仅

① 〔日〕芥川龙之介著,秦刚译《中国游记》,中华书局 2007 年版,第 119 页。
② 刘宗伟《案卷里的青岛》,青岛出版社 2016 年版,第 49 页。
③ 〔德〕卫礼贤,王宇洁等译《中国心灵》,国际文化出版公司 1998 年版,第 199 页。

是运河唯一的标志,运河已经完全融入了当地人的日常生活和文化传统,在联通江南文化、齐鲁文化、燕赵文化的同时,自成一体,形成了独具特色的运河文化体系。

卫德骥,1892年出生于法国卢瓦河谷的舍韦尼城堡,自小对绘画、摄影极感兴趣。1911年加入耶稣会。1932年初,耶稣会派遣卫德骥神父前来中国调查传教情况。10个月后,他不仅带回了调查报告,还有近4000张有关大运河的照片。2002年,法国里昂第二大学历史系副教授、研究中国历史的学者柯蓉在里昂教皇传教会的资料库偶然发现了这批照片。随后,柯蓉又在里昂图书馆发现了卫德骥留下的300多枚玻璃感光片,并从另一地的耶稣会史料中发现了卫德骥当年写在练习本上的旅行日志。在日志中,卫德骥不仅写下沿途所见所闻,更仔细记录了拍摄每张照片时所使用的器材名称和光圈。从2005年开始,柯蓉陆续在北京、上海和苏州举办了卫德骥的照片展,并给展览取名为"水上人家"。

卫德骥首先踏上的是上海码头,随后借助小船、舢板,沿河而上,深入运河腹地。这些照片向观众展示的是当时大运河沿岸百姓的真实生活:在他留下的4000多张照片里,教会的内容几乎可以被忽略,运河以及靠运河为生的人,反倒成了卫德骥最热衷记录的对象。卫德骥的镜头大量对准了那些他遇到的撑船人,运河上放木排者,挑夫,搬运工,孩童,地里干活的男人和女人,捕鱼者等运河边形形色色的普通人,记录下他们劳作和生活的真实场景。吸引卫德骥的还有当时运河两岸的建筑。首先吸引他的是运河边连片的牌坊。而他所留下的关于苏州市容与建筑的照片更是令人感叹。运河不少城市、乡镇精彩的建筑都在他相机中留下了"身影"。今天,大运河两岸的许多建筑都已经消失不见,而卫德骥的这些照片无意间为我们留下了一份真实的历史记录。

四、外国学者眼中的大运河

2014年6月22日,在卡塔尔多哈召开的联合国教科文组织第38届世界遗产委员会会议上,中国大运河被列入《世界遗产名录》,成为我国第46个世界遗产项目。随着大运河成功申遗,中国大运河再度进入国际视野,引起了众多外国人的关注。

大卫·皮卡斯(David Pickus)来自美国,他是美国芝加哥大学的历史学博士,曾任教于中国人民大学、美国亚利桑那州立大学等。2004年,大卫·皮卡斯来到中国。那时他像所有出游异国的人一样,忐忑于在他乡的吃、住、行和人际交流。不过,他最终爱上了这里的文化。2007年的杭州之行给他留下了深刻印象。运河上的船与桥,沿岸游客的聚集点和百姓生活的社区,都让他产生了宾至如归的感觉。他决定全身心投入对大运河的研究当中。2018年底,他撰写的《来自中国的明信片:大运河纪行》一书由浙江大学出版社出版。

在大卫·皮卡斯眼里,京杭大运河不仅仅是一条河。海河、黄河、淮河、长江、钱塘江,当中国的五大水系自山脉中的涓涓细流汇聚成奔腾之势时,也意味着它们将奔向各自的远方。但是,一条大运河将五大水系联结了起来。历代中国人以团结之力,实现了河流的"互通",一条条看似不怎么相干的河,由此成为一个系统,一个联系体。在他看来,大运河不是静态的,而是"一种不断发展的、动态的行动";没有一个起点,也没有一个终点,而是"由一系列的开始和一系列的结束杂糅而成的"。

通过对大运河以及其沿岸特色城市、城镇的考察,对与大运河息息相关的相关人物的访谈,大卫·皮卡斯向读者讲述了大运河的历史变迁,介绍路经的这些地方的历史、文化、艺术、人情风俗,并试图将整个叙事置于中国政治、经济以及文化和历史的大背景之下,分析大运河的实际以及象征意义。与此同时,大卫·皮卡斯也着重讲述了自己的沿途见闻,并借此给读者展示了中国在全球化背景下的快速变化和发展。

大运河是中国古代创造的一项伟大工程,是世界上距离最长、规模最大的运河,展现出我国劳动人民的伟大智慧和勇气,续写着中华民族的悠久历史,传承着中华文明。大运河作为南北交通的大动脉,不仅促进了南北物资的交流和沿线城镇聚落的兴起,也便利了人员的往来,在中外文化交流中发挥着重要的作用。这些往来于运河之上的外国使节、旅行家、传教士,在一定程度上担当了中外文化交流使者的角色。作为中华文明的重要标志和中国人民勤劳智慧的象征,大运河成为外国人观察中国物质文明和精神文明的重要窗口,在新的历史阶段,对于打造宣传中国形象、展示中华文明、彰显文化自信的亮丽名片,无疑具有重要意义。

结语　大运河文化的保护、传承与利用

　　新的历史时期,大运河依然发挥着重要的作用,对内提升凝聚力和文化自信;对外展现中华民族悠久的历史文化,塑造中国文明、包容、强盛的大国形象。党员干部在大运河运河的保护、传承、利用过程中应该做到以下几点。

　　首先,需要清楚了解大运河的基本文化价值和功能。大运河在中古及其以后的时间序列和区域、跨区域的空间里实现了功能的价值性延续,对其进行意义的追寻,既是文化遗产层面、知识系统层面、民族精神和伦理价值观层面的传承与发展的需求,也是文化传播及战略布局的需求。运河的"社会性"价值与文化功能表现在以下三个方面。

　　作为文化载体的运河。大运河具有物化和符号化的意义,承载了"水利—物质""国家—社会""精神—行为"三个层面的内容。运河载体,既指实际的运河河道及其附属工程、建筑,也是指人们观念中的大运河,即作为"事物"的大运河在人们观念中所构建起来并清晰存在的形象。大运河载体功能的发挥是指其对文化的聚合、传播、催生的作用。运河的流动性和开放性,使得人口流动速度加快,精英文化的价值观念较快地渗入世俗生活中,区域间文化的融合性极强。各种文化相互吸收、融合、涵化,发生内容和形式上的变化,并通过相互接触、交流进而相互分拆、合并,在共性认识的基础上建立具有连续性和一致性的新文化。运河载体功能的发挥,就是不同文化相互吸收、融合、调和而趋于一体化的过程。在这个意义上,作为载体的"运河带"不是一个单纯的地域概念,更是一个与运河相关的包含经济、政治、思想、意识等层面交互作用的统合体。

　　作为文化联结纽带的运河。按照国际遗产保护中"文化线路"(Cultural Routes)的定义,大运河作为文化交流的渠道,"代表了人类的迁徙和流动,代表了多维度的商品、思想、知识和价值的互惠和持续不断的交流,并代表了因此产生的文化在时间和空间上的交流与相互滋养"。大运河文化带是标签性的"线性共同体",是催生多元文化形态和文化景观的动力与机制。其跨越了江南、江北自然区域,将慷慨悲歌的燕赵文化、尊贤敦礼的齐鲁文化、刚健雄浑的中原文化、优美雅致的江南文化等抟合成博大精深的中华文化;也联接江海,是东亚文明交流的前沿,是国际文化的会通渠道。郑和七下西洋,马可·波罗南下扬州,明代苏禄国东王率使团访问中国,意大利传教士利玛窦、英国马戛尔尼使团前往北京都曾经行运河。北接长城文化带,西挽陆上丝绸之路,东联海上丝绸之路,接通水乡、平原、草原、沙漠、海洋的大运河,必然是世界循环交通路线中的一环。

作为生活方式的运河。"运河"是一种文化符号,更是一种生活方式。美国人类学家克鲁柯亨指出,"所谓一种文化,指的是某个人类群体独特的生活方式,他们整套的'生存式样'"。大运河开挖、畅通所形成的生存环境和生活条件,已经成为一个巨大的生活磁场,不仅漕运群体、商人组织、河工人群等因运河形成了独特的生活方式,而且也造就了运河流域社会人群特殊的生存、生活、生计方式,并由此形成了人们不一样的世俗理性观念。生活方式不会随运河断流而消逝,也不会在时代的变迁中被固守,真实而生动的在生活场景和基本生活情态中的运河,是最有价值和活力的,人的主体价值和社会能动性在日常生活的劳作、交往、消费、娱乐、礼仪等层面得到传承。千百年来,运河文化已经在人们日常生活中转化为一种"自我"构成,并最终成为人群共同体的自我组成部分,而在快速变迁的社会中,人们也会以文化遗产物及其承载的历史事件来重新确定自我在社会中的位置。因此,大运河文化的传承与保护,旨在唤醒、传承集体记忆,让作为遗产的"物"化运河与作为主体的"人"的边界逐步消失,在断流河道,通过物化的运河遗产构建向死而生的文化传承;在依旧畅通的河段,让运河所浸润的、人们已经过惯了的生活安静延续。

其次,需正视传承、保护、利用过程中的矛盾。保护和利用相得益彰的背后必然是取舍的艰难。大运河遗产保护与利用是一个认识统一、观点协商、权益平衡的过程,甚至在一定程度上,遗产的价值是因人而异的,不同文化背景的人、同一文化中的不同群体对于同一处遗产往往有多样化的理解。第一,应该保护遗产的真实性和完整性,这是《世界遗产公约》的核心,也是遗产保护必须履行的基本准则。文化遗产的真实性是指遗产满足在设计、材料、工艺和位置环境方面真实性的检验,而完整性不止个体的完整,还包括遗产、环境和文化的完整,是整体的完整。第二,保护和利用的过程中,应以保护为主、抢救第一为原则,合理利用并加强管理。遗产保护本质上就是一种文化传承。运河文化遗产的复杂性在于遗产管理和遗产分布的跨区域性,且每一个区域又不是独立的,必须被放置在整个大运河的体系中来考量、布局,也就是说其整体价值大于部分相加。因此,大运河文化的内在衔接、当前生活方式与运河变迁的相互影响、旅游开发的合适度等,都需制定体系化的保护制度和开发规划。运河的保护和利用涉及水利、航运、文物保护、环保、国土、农业、渔政、城市规划、城管、园林建设、旅游、人力资源等多个部门,牵扯政治、经济、文化等多种因素,因此在进行相关规划时必须考虑其科学性和可操作性,完善运河遗产保护利用的长效机制,提升运河沿线文化遗产的保护利用水平。第三,处理好"活的"遗产和向死而生的文化之间的关系。大运河文化遗产,是记忆的载体,是联系过去与当下的物质性连接,在历史进程中,也被过去、现在和未来的社会、文化话语不断建构着,成为人们认识过去、审视当下的工具。围绕大运河所产生的很多文本、事件甚至故事,有些被记忆,有些被遗忘。被记忆的部分不断被强化,成为现代人们关于大运河的集体记忆。因此在实践层面上,一方面,对文化遗产及非遗传承人进行保护,突显人的主体性价值;另一方面,在大运河文化设施建设和产业开发中,强调人的体验和参与,将人们的日常生活、家乡情怀等运河元素贯穿其中,在日常生活中认识、体会大运河所蕴含的国家、民族精神。

最后,强化责任意识,与时俱进地进行文化带建设。具体而言,在目前顶层设计基本完成,相关法律法规和相关机构设置逐步完善的过程中,大运河文化的建设应在着眼整体和未来的同时,立足当下和当地,处理好文化建设与区域社会发展的关系。具体包括以下内容。

处理好部分与全线、分层与整体保护、利用的关系。大运河线性共同体与流经各区域在一定程度上存在着整体与局部的矛盾。由于运河沿线各省市经济发展状况不同,存留的物质遗产和原有的文化积淀差异较大,在专门机构的统一领导下,不同区域的政府和各类管理机构负责制定、实行、监督运河保护、利用、政策的落实情况,不同行政区政府和职能部门根据当地区域发展的实际情况明确治理保护责任,根据每一处遗产点的特性进行研究和保护、开发。整体保护开发则是指不同辖区需建立合作关系,摒弃"各司其职"的思维方式,树立运河遗产保护开发的大局观,建立合作协商体制,颁布激励性政策,鼓励企事业单位、社会团体、社区居民参与民主协商、共建共享,实现"内外互联互通",确立各职能部门的责、权、利,调动公众的积极性。在沿线城市的旅游品牌设计、市场定位、产品推广、推广联动等方面,强化运河联盟城市运作,发展精品特色旅游线路,使大运河的文化价值通过旅游开发转变为经济价值,推广中国大运河整体旅游形象,实现沿线区域合作共赢。

建立并发展新兴文化业态、数字孪生技术,完善大运河数据平台建设,为文化带建设提供更好的技术支持。数字孪生技术是利用物理模型、传感器更新、历史文献资料等数据,集成多学科、多物理量、多尺度、多概率进行充分仿真模拟,在虚拟空间内映射实体装备全生命周期过程。这种技术可以在运河保护和开发过程中对遗产信息数据进行数据建模,形成遗产的数字化生命周期,减少日常对运河遗产的使用和损坏,降低遗产信息化运营成本,提高文化遗产的保护效率和质量。以运河文化为核心,将"文化＋"计划融入沿线生态建设、景观规划中,利用 3D 模拟、VR 等虚拟信息技术,将运河文化资源制成影像,模拟运河场景,增强民众的体验性,提高运河文化资源的展出率和效果,实现运河遗产利用的可持续性和数字化发展。

重视环境保护,实施运河景观改造工程。水质污染是京杭运河主要问题之一,保证良好的水质也是京杭运河本体利用的关键因素。虽然运河沿线省市出台了一系列环保法律,但一些地方和部门对环境保护的认识不到位,区域性生态问题仍然存在,污水排放、农村环保设施滞后、河道破坏等一些长期积累的环境问题尚未得到解决,运河沿线生态环境风险不容忽视。某些运河段大量使用混凝土或块石作为防护材料,使河岸硬质化,破坏了水系与生物之间的物质交换、生物生长繁殖条件,降低了河水自我净化能力。为全面提升运河遗产经济、社会、生态、景观、水利、旅游等综合效益,必须重视对运河周边环境的保护,从环境学和生物学的角度,制定实施运河保护管理办法,划定生态保护红线,落实运河沿线景观规划设计工程,实现运河整体"通航",让大运河重新焕发活力。

以人为本,培养运河研究、利用的复合型人才。大运河遗产的保护和开发必须坚持以人为本,这不仅包括运河人与运河关系的和谐问题,还包括运河人才的培养问题。人是运河的开发者和受益者,人们的主观能动性在运河保护利用中起到促进或妨碍作用,社区居民的积极参与是进行大运河文化带建设的决定性因素。运河遗产的保护和利用过程中,不仅要向民众宣传相关知识和法律法规,促进民众参与积极性,将运河遗产的保护与改善民生紧密结合,使运河保护的成果大众共享，还需专业的人才队伍，对运河遗产进行高标准管理、规划化建设，细致化服务，传承运河文化，提高群众对切身利益的关注度，使保护意识转变为自觉实践，实现运河遗产保护利用的长效机制。

深入挖掘运河文化资源，关注农村社会发展。在新的历史条件下解决"三农"问题，已不单单是经济发展的问题，也是文化建设的问题。大运河文化带建设中，城市和重点市镇资金、资源的投入较大，社会的关注度相对较高，大运河流经的农村区域则相对较为薄弱，区域本身对运河资源的利用也不充分。对于大运河流经的乡村而言，要在乡村振兴战略实施过程中充分科学合理利用运河资源。首先，需处理好运河与其他自然河流的关系，处理好灌溉、防洪、运输与生态保护之间的关系，在有效保护生态环境的前提下，深入挖掘运河文化。其次，每一种文化都有一种主导动机，运河文化的主导动机就在于利用运河的沟通功能，选择并强化人们生活中与运河相关的某些行为要素，将其逐渐制度化，且或多或少地进行某种盘合，最终形成某种特定的生活方式。相较于城市，运河沿线村落既是自然环境与运河传统文化的共生综合体，也是传承运河文化、非物质文化遗存的载体。固有的"从生存原料中创造出来的生活模式"保留相对完整，因此，文化的挖掘应更多从生活方式本身入手。最后，在实施层面，可从唤醒意识、适时引导、资源转化等三个方面入手。具体而言，一是建立美丽乡村非遗传承专项扶持基金，引导镇、村及社会各界在资金等方面予以支持，把当地的运河文化遗产和民俗文化融入美丽乡村建设中。二是尊重历史记忆。对于有运河元素的旧宅民居及古树名木等历史遗存，应尽可能予以保留，或在新建民宅或旅游等配套设施建设上标注运河文化元素或符号。三是加强与学校、企业的合作，对乡村性运河文化进行研究、创意开发，把非遗及其资源转化为文化产品。通过农旅、文旅结合的方式，拓展运河产业品牌文化的外延，提升特色、提高知名度，以文化融入美丽乡村建设为主线，把运河文化引导贯彻融入农村文化规划建设的全过程，引入民众的内心深处。

后　记

习近平总书记指出:"在党和人民伟大斗争中孕育的革命文化和社会主义先进文化,积淀着中华民族最深层的精神追求,代表着中华民族独特的精神标识。"千百年来,大运河在推动中华民族的经济发展、文化传播、思想交流和社会进步等方面发挥着巨大作用。大运河既是贯通南北的交通命脉,也是流淌千年的华夏史书,更是积淀的国家记忆。

南旺分水枢纽工程是大运河上的璀璨明珠,具有重要的科学价值、历史价值、艺术价值和文化价值。在保护、传承、利用大运河文化中,汶上负有义不容辞的历史责任。汶上县干部政德教育中心自觉担负这一重要使命,坚持中华优秀传统文化创造性转化、创新性发展的"两创"方针,在济宁干部政德教育学院的亲切关怀和指导下,编辑出版本书,以期为传承弘扬大运河文化和加强干部政德教育做出自己的贡献。

在本书的编写过程中,中共汶上县委组织部、县委党校为本书稿的组织、论证和校审工作,提出了宝贵的意见和建议,在此表示感谢! 汶上县干部政德教育中心全体教员参与了文稿的编写,付出了艰辛的劳动。由于能力水平所限,本书还存在诸多不足之处,恳请读者批评指正!

编　者
2022 年 1 月